21世纪会计系列规划教材

应用型

# 会计模拟实验

黄芳 编著

Kuaiji Moni Shiyan

东北财经大学出版社 Dongbei University of Finance & Economics Press 大连

**图书在版编目(CIP)数据**

会计模拟实验 / 黄芳编著. —大连 : 东北财经大学出版社，2015.8
（21世纪会计系列规划教材 · 应用型）
ISBN 978 - 7 - 5654 - 1927 - 0

Ⅰ. 会…　Ⅱ. 黄…　Ⅲ. 会计学-高等学校-教材　Ⅳ. F230

中国版本图书馆CIP数据核字(2015)第087572号

东北财经大学出版社出版
（大连市黑石礁尖山街217号　邮政编码　116025）
教学支持：（0411）84710309
营 销 部：（0411）84710711
总 编 室：（0411）84710523
网　　址：http：//www.dufep.cn
读者信箱：dufep@dufe.edu.cn

大连图腾彩色印刷有限公司印刷　东北财经大学出版社发行

幅面尺寸：205mm×285mm　字数：280千字　印张：10 1/4

2015年8月第1版　2015年8月第1次印刷

责任编辑：李　栋　王　莹　责任校对：贺　欣
封面设计：冀贵收　版式设计：钟福建

定价：29.00元

# 前 言

众所周知，会计学是一门实践性很强的学科，需要理论联系实际，而会计模拟实验正是架设在理论教学和实际工作之间的有效桥梁，通过实验，不仅能巩固和验证理论知识，而且还能丰富感性认识、提高实际动手能力，因而目前已被各大高校广泛采用。

本书共分三部分：（1）"实验指导"以同一企业的业务为例，多用图表的形式说明了各个业务循环的业务活动、相关单据及会计记录之间的关系，并介绍了该企业3张财务报表的由来和编制；（2）"操作指南、流程图及账簿"说明了企业概况和实验要求、必须参见的流程图及相关账簿；（3）"项目资料"给出了后半月的经济业务及实验所需原始单据等。

与已面世的其他会计实验教材相比，本书具有以下四个特点：

1.贴近实务。除了熟练掌握编制会计凭证、登记账簿、编制报表等基本账务处理外，本书还特别强调对各类基本业务流程及其内部控制的理解、相关原始单据的传递和使用。这也是本书的写作宗旨。经过7年多的会计实务工作以及3年多的本科会计实验教学，本人强烈地感觉到，会计绝不只是简单的做账，会计是企业经济活动的反映。不了解企业的生产，做不好成本核算；不熟悉企业的采购，做不好采购核算……真实的会计核算是置身于整个企业经营活动之中的，离不开业务流、单据流以及相关内部控制，这四者紧密结合、浑然一体。我们的会计学、审计学专业毕业生往往脱离流程、内部控制等单纯学会计，认为会计就是做分录，从而普遍欠缺对单据流的理解，只知道依据业务说明做记账凭证，不知道要审核和处理单据，更不知道该怎样审核和处理，这样的动手能力显然不能满足用人单位的要求。

2.仿真性强。其他会计实验教材中的原始单据通常是一式一联，而本书中的原始单据是一式几联，仿真性强，这样，学生必须思考应该怎样填写，怎样传递；此外，本书的另一个鲜明特色是增添了基本业务核算流程图，学生必须通过阅读流程图及其说明来处理单据和业务，无形中培养和增强了学生有关流程、内部控制、单据传递和账务处理四位一体的意识和理解。

3.避免重复。毫无疑问，从学习效果来看，做优于读和听，但学习不是反复地做，过多的重复会导致学习积极性的下降和时间的浪费。因此，本书选择了一家企业具有代表性的经济业务为素材，数量少、业务精，业务间避免无谓的重复，以保持学生的新鲜感和积极性。

4.先想后做。本书会计模拟中，有些只需做单据处理，有些只需做账务处理，有些既要做单据处理又要做账务处理。到底怎么做，需要依据流程图来思考判断，避免了对所有业务不假思索一律入账所带来的机械性和惰性。

总之，本书试图通过实验目标的三元化、经济业务的"少而精"，使读者尽可能感知实际业务往来的立体感和真实感。希望读者通过模拟，多一份感悟和惊喜，少一份做题似的单调和枯燥。

本书为任课教师配备了较为详细的业务操作提示，作为网络教学资源，供其免费下载（登录东北财经大学出版社网站：www.dufep.cn），在书中仅列示了第1部分业务的操作提示，为学生提供一个实训思路，作为参考。

本书既可作为会计模拟实验课程用书，也可用于会计、审计等课程的辅助教学，具体可安排在审计学、审计与认证业务的实务部分讲授前或中级财务会计课程结束前完成。另外，对信息流、单据流缺乏理解的学生或从业人员通过该实验都将受益匪浅。

本书在构思过程中得到了我年少时的好友——但晓红女士的鼎力相助，她目前在美国从事审计工作。另外，我在家中一边养伤一边写作的过程中，年迈的妈妈一直在身旁伴着，为我忙碌，给我慰籍，真的很感激，母爱浩瀚无边啊！

由于时间仓促，加之个人水平所限，书中疏漏错误之处在所难免，恳请读者批评指正。

**黄 芳**

2015年3月

# 目 录

## 第一部分 实验指导


第一章 会计循环概述 …… 3

一、财务报表 …… 3

二、会计循环步骤 …… 5

三、内部控制 …… 13

第二章 采购与付款循环 …… 15

一、子流程、业务活动和涉及的会计科目 …… 15

二、会计核算目标 …… 15

三、采购业务活动及相关单据 …… 15

四、付款业务活动及相关单据 …… 17

五、购货退回与折让业务活动和相关单据 …… 18

六、预付费用、应计费用和折旧业务活动和相关单据 …… 18

七、内部控制 …… 20

第三章 职工薪酬循环 …… 22

一、子流程、业务活动和涉及的会计科目 …… 22

二、会计核算目标 …… 22

三、计提职工薪酬业务活动及相关单据 …… 22

四、支付职工薪酬业务活动及相关单据 …… 24

五、内部控制 …… 24

第四章 存货循环 …… 27

一、定期盘存制 …… 27

二、永续盘存制 …… 28

三、存货循环与其他循环的关联 …… 29

四、内部控制 …… 30

第五章 销售与收款循环 …… 32

一、子流程、业务活动和涉及的会计科目 …… 32

二、会计核算目标 …… 32

三、销售业务活动及相关单据 …… 32

四、收款业务活动及相关单据 …… 34

五、销售退回与折让业务活动及相关单据 …… 35

六、计提坏账业务活动及相关单据 …… 36

七、注销坏账业务活动及相关单据 …… 36

八、内部控制 …… 37

第六章 报表编制 …… 39

一、利润表 …… 39

二、资产负债表 …… 39

三、现金流量表 …… 40

## 第二部分　操作指南、流程图及账簿

一、简单介绍 …… 51
二、企业概况及实验要求 …… 52
三、企业日常业务流程图 …… 54
四、相关账簿 …… 58

## 第三部分　项目资料

一、资料清单 …… 95
二、相关资料 …… 96

# 第一部分

# 实验指导

# 第一章 会计循环概述

本书介绍公司日常典型的业务审批、单据流转及会计核算。第一章介绍从业务处理到编制报表的各个会计处理程序之间的联系。后续几章则介绍这些程序如何应用于不同类型的业务，如销售与收款循环、采购与付款循环等。

## 一、财务报表

表1-1、表1-2和表1-3列示了南京孔夫子办公耗材有限公司（以下简称孔夫子公司）2013年11月31日编制的3张财务报表，附注省略。后面部分介绍了该公司财务报表的由来和编制。为了简单清晰地展现报表编制所需的单据、核算等资料，本书选择了一家规模很小的公司进行介绍。

表1-1 利润表(简表)

编制单位：南京孔夫子办公耗材有限公司 2013年11月 单位：元

| 项　目 | 本期金额 | 上期金额 |
|---|---|---|
| 一、营业收入 | 212 000.00 | 132 000.00 |
| 减：营业成本 | 145 400.00 | 91 600.00 |
| 营业税金及附加 | 814.30 | |
| 销售费用 | 7 135.00 | 7 035.00 |
| 管理费用 | 38 385.75 | 38 347.75 |
| 财务费用 | 25.00 | 45.00 |
| 资产减值损失 | | |
| 加：公允价值变动收益（损失以“-”号填列） | | |
| 投资收益（损失以“-”号填列） | | |
| 二、营业利润（亏损以“-”号填列） | 20 239.95 | -5 027.75 |
| 加：营业外收入 | | |
| 减：营业外支出 | | |
| 其中：非流动资产处置损失 | | |
| 三、利润总额（亏损总额以“-”号填列） | 20 239.95 | -5 027.75 |
| 减：所得税费用 | | |
| 四、净利润（净亏损以“-”号填列） | 20 239.95 | -5 027.75 |

表1-2 **资产负债表(简表)**

编制单位:南京孔夫子办公耗材有限公司　　2013年11月30日　　单位:元

| 资产 | 期初数 | 期末数 | 负债及所有者权益 | 期初数 | 期末数 |
|---|---|---|---|---|---|
| 流动资产: | | | 流动负债: | | |
| 货币资金 | 157 797.85 | 224 432.85 | 应付账款 | 0 | 104 949.00 |
| 应收账款 | 16 150.00 | 101 010.00 | 应付职工薪酬 | 10 879.00 | 10 879.00 |
| 存货 | 285 900.00 | 279 000.00 | 应交税费 | -4 052.15 | 9 260.15 |
| 流动资产合计 | 459 847.85 | 604 442.85 | 其他应付款 | 5 819.00 | 5 819.00 |
| 非流动资产: | | | 流动负债合计 | 12 645.85 | 130 907.15 |
| 可供出售金融资产 | 56 350.00 | 56 350.00 | 负债合计 | 12 645.85 | 130 907.15 |
| 固定资产 | 865 800.00 | 859 706.25 | 所有者权益: | | |
| 非流动资产合计 | 922 150.00 | 916 056.25 | 实收资本 | 500 000.00 | 500 000.00 |
| | | | 资本公积 | 89 700.00 | 89 700.00 |
| | | | 盈余公积 | 135 980.00 | 135 980.00 |
| | | | 本年利润 | 116 232.25 | 136 472.20 |
| | | | 未分配利润 | 527 439.75 | 527 439.75 |
| | | | 所有者权益合计 | 1 369 352.00 | 1 389 591.95 |
| 资产总计 | 1 381 997.85 | 1 520 499.10 | 负债及所有者权益总计 | 1 381 997.85 | 1 520 499.10 |

表1-3 **现金流量表**

编制单位:南京孔夫子办公耗材有限公司　　单位:元

| 项　目 | 2013年11月13日 | 2013年10月13日 |
|---|---|---|
| 一、经营活动产生的现金流量 | | |
| 销售商品、提供劳务收到的现金 | 163 180.00 | 154 440.00 |
| 现金流入小计 | 163 180.00 | 154 440.00 |
| 购买商品、接受劳务支付的现金 | 57 096.00 | 322 686.00 |
| 支付给职工以及为职工支付的现金 | 39 076.00 | 38 967.15 |
| 支付的各项税费 | | 18 334.00 |
| 支付的其他与经营活动有关的现金 | 373.00 | 355.00 |
| 现金流出小计 | 96 545.00 | 380 342.15 |
| 经营活动产生的现金流量净额 | 66 635.00 | -225 902.15 |
| 二、投资活动产生的现金流量 | | |
| 三、筹资活动产生的现金流量 | | |
| 四、汇率变动对现金的影响 | | |
| 五、现金及现金等价物净增加额 | 66 635.00 | -225 902.15 |

续表

| 项　目 | 2013年11月13日 | 2013年10月13日 |
|---|---|---|
| 补充资料： | | |
| 现金流量附表项目 | | |
| 1.将净利润调节为经营活动现金流量 | | |
| 净利润 | 20 239.95 | -5 027.75 |
| 计提的资产减值准备 | | |
| 固定资产折旧 | 6 093.75 | 6 093.75 |
| 存货的减少 | 6 900.00 | -66 000.00 |
| 经营性应收项目的减少 | -84 860.00 | |
| 经营性应付项目的增加 | 118 261.30 | -160 968.15 |
| 经营活动产生的现金流量净额 | 66 635.00 | -225 902.15 |
| 2.不涉及现金收支的投资和筹资活动 | | |
| 3.现金及现金等价物净增加情况 | | |
| 现金的期末余额 | 224 432.85 | 157 797.85 |
| 减：现金的期初余额 | 157 797.85 | 383 700.00 |
| 加：现金等价物的期末余额 | | |
| 减：现金等价物的期初余额 | | |
| 现金及现金等价物的净增加额 | 66 635.00 | -225 902.15 |

## 二、会计循环步骤

会计循环流程图如图1-1所示。业务复杂的企业会进行两次（结账前和结账后）甚至三次（调整前、调整后及结账后）试算平衡。本书模拟的企业业务简单，故只做结账后的一次试算平衡以编制报表。

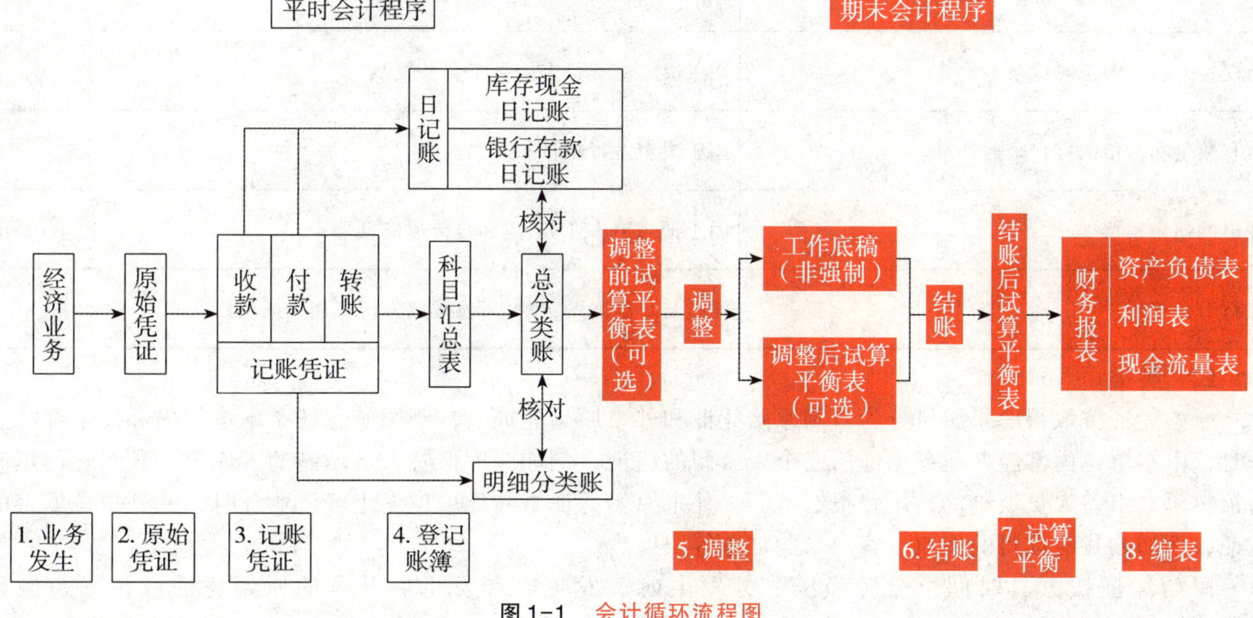


图1-1　会计循环流程图

1.经济业务

表1-4列示了三大基本业务循环及其涉及的会计科目，当然，这只是实际业务的简化。不同的公司其经济业务类型会有区别，比如零售业、制造业、事务所和保险公司发生的经济业务类型就不一样，但就孔夫子公司来讲，列举这三大基本业务循环就已经足够了。

表1-4 业务循环及其涉及的会计科目

| 三大基本业务循环 \ 所涉及的会计科目 | 资产负债表对应科目 | 利润表对应科目 |
|---|---|---|
| 销售与收款循环 | 货币资金、应收账款<br>应交税费——应交增值税（销项税额）<br>坏账准备 | 主营业务收入<br>资产减值损失 |
| 采购与付款循环 | 货币资金、应付账款<br>库存商品、固定资产、累计折旧<br>应交税费——应交增值税（进项税额）<br>应交税费——应交城市维护建设税<br>应交税费——应交教育费附加 | 管理费用<br>营业税金及附加 |
| 职工薪酬循环 | 货币资金、应付职工薪酬<br>其他应付款<br>应交税费——应交个人所得税 | 管理费用<br>销售费用 |

2.原始凭证

（1）概念

企业管理中任何一项业务的发生，都应该有对应的信息载体，即原始单据。伴随业务的单据流转既有利于会计记录，又能提高运营效率。使用目的不同，单据也就不同，表1-5列示了一些原始单据及其使用目的。

表1-5 原始单据及使用目的

| 原始单据 | 使用目的 |
|---|---|
| 经权签人确认的工时记录 | 用于决定应支付多少员工劳务报酬 |
| 填有数量和价格的客户采购订单 | 用于决定发货数量和开票金额 |
| 开出的销售发票 | 用于记录销售业务、向客户传递信息等 |
| 银行对账单 | 通过与日记账的核对，可发现双方记账遗漏或差错 |

（2）种类

原始凭证按取得的来源可分为自制原始凭证和外来原始凭证。自制原始凭证是本单位内部发生经济业务时，由本单位内部经办业务的部门或个人填制的凭证，例如仓库保管人员填制的入库单、领料部门填制的领料单、出差人员填制的差旅费报销单等。外来原始凭证是与外单位发生经济业务时，从外单位取得的凭证，例如购货时取得的发票、客户采购订单等。

原始凭证按开具时间可分为经济业务发生前、发生时和发生后开具的原始凭证三种（举例见表1-6）。

表1-6 原始凭证开具时间、作用、名称表

| 原始凭证开具时间 | 作用 | 名称 |
| --- | --- | --- |
| 经济业务发生前 | 发出采购货物或劳务的通知 | 采购订单 |
| | 收到客户采购货物或劳务的通知 | 客户采购订单 |
| 经济业务发生时 | 收到货物或劳务 | 收货单、入库单 |
| | 发货 | 发货单、出库单 |
| 经济业务发生后 | 开出已销售商品或提供劳务的账单 | 销售发票 |
| | 收到已采购商品或劳务的账单 | 采购发票 |

3.记账凭证

（1）种类

记账凭证由会计人员编制，按其使用范围分为专用记账凭证和通用记账凭证两类。专用记账凭证是指专门用来反映某类经济业务的记账凭证，按其所记录的经济业务与库存现金和银行存款的收付有无关系具体可分为收款凭证、付款凭证和转账凭证；通用记账凭证是反映各类经济业务共同使用的统一格式的记账凭证。在经济业务比较简单的经济单位，如孔夫子公司，为了简化凭证，使用的是通用记账凭证，用来记录所发生的各种经济业务。

（2）审核

为了保证账簿记录的准确性，记账前须对已编制的记账凭证由专人（一般为会计主管）进行认真、严格的审核。审核内容包括：记账凭证所附的原始凭证是否齐全，内容是否与所附原始凭证相符，金额是否一致，应借、应贷的账户名称和金额是否正确，账户的对应关系是否清晰等。在孔夫子公司，由于人员有限，由总经理审核记账凭证。

4.登记账簿

（1）账簿概念

①总账

总账也称总分类账，是根据一级会计科目设置，用来分类登记全部经济业务，提供总括核算资料的账簿。总账科目按所在企业管理需要而定，有的公司可能有上百个，而有的公司只有少数几个。孔夫子公司的会计科目见第三部分Doc.No.2会计科目。

就资产类、负债类科目而言，其总账余额表示开业以来各经济业务的合计数，例如银行存款总账余额表示自公司开业以来银行存款所有收支业务的加减合计。就损益类科目而言，其发生额在月末都结转到本年利润账户，然后在年底又从本年利润账户转入未分配利润账户，列示于资产负债表中的所有者权益部分（这是两张表之间的唯一勾稽关系，所以，编表时应先编利润表后编资产负债表）。

②明细账

明细账也称明细分类账，是根据总账账户所属各明细账户设置的，用于分类登记某一类经济业务事项，提供有关明细核算资料。设立总账之后为什么还要开设明细账呢？这是因为，如果不设明细账，可能就需要设置大量的总账账户，否则无法提供管理所需要的明细信息。以应收账款明细账为例，假设某公司只有两个客户，可以只设立应收账款——A和应收账款——B两个总账账户，但对于有上百个客户的公司而言，为每个客户开设一个总账显然不现实；并且，为方便债权管理和客户对账，与每个客户的每笔交易必须分开登记。因此，应为每个客户开设一个应收账款明细账，且明细账余额合计应与总账余额保持一致。常见明细账和总账的对应关系见表1-7。

表 1-7　　　　**常见明细账和总账的对应关系表**

| 明细账 | 总账 |
| --- | --- |
| 按客户开设应收账款明细账 | 应收账款总账 |
| 按供应商开设应付账款明细账 | 应付账款总账 |
| 按品种、规格开设库存商品明细账 | 库存商品总账 |
| 按类别开设固定资产明细账 | 固定资产总账 |
| 按费用的构成开设明细账 | 管理费用总账、销售费用总账、财务费用总账等 |

（2）登账方式

①登记明细账

对各种明细账，根据记账凭证每天进行逐笔登记，也可以定期（3天或者5天）登记。但债权债务明细账和财产物资明细账应当每天登记，以便随时与对方单位结算，核对库存余额。库存现金日记账和银行存款日记账，应当随时逐笔顺序进行登记，最少每天登记一次。

②登记总账

对总账，先用T形账户汇总记账凭证：首先，根据会计记账凭证中的一级科目依次开设T形账户；其次，定期（本实验是月中和月末）将该期间的所有记账凭证过入T形账户；再次，根据T形账户记录计算每个账户的借方、贷方发生额；最后，根据T形账户中每个账户的借方、贷方发生额填列科目汇总表，并加计合计数，检查借方发生额合计数和贷方发生额合计数是否相等，如果相等，说明记账凭证和科目汇总表编制基本正确，可以根据科目汇总表登记总账，否则，需查找原因，待平衡之后方可登记总账。

下面以孔夫子公司2013年12月1日至15日发生的3笔与应付账款相关的业务为例，说明如何登记其明细账和总账（如图1-2所示）。

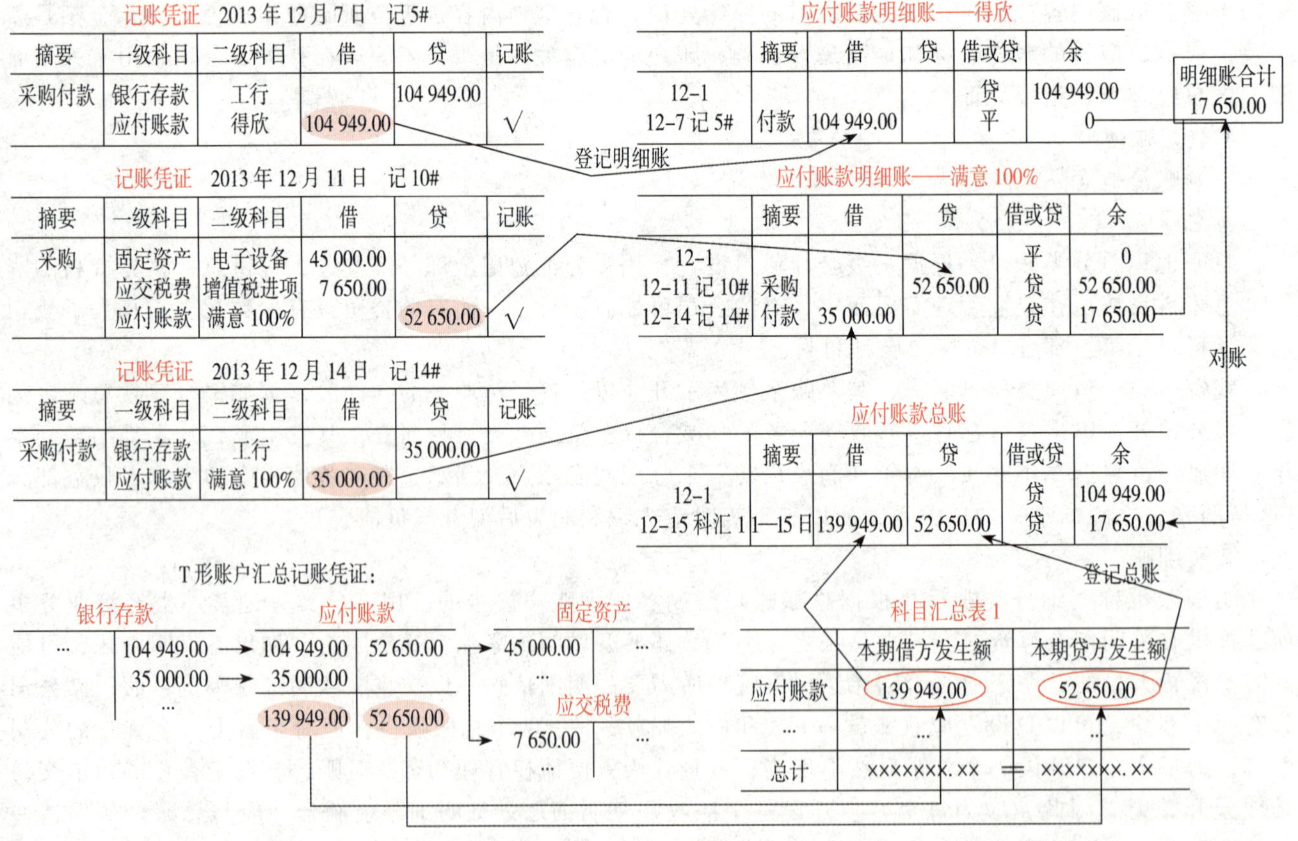


图1-2　**登记明细账及总账**

思考：总账能否按照明细账汇总登记？

提示：否，如果总账按照明细账汇总登记，那么明细账错了，总账也就错了，这样的记账没有意义。为更好地理解，请看会计人员工作关系图（如图1-3所示）。

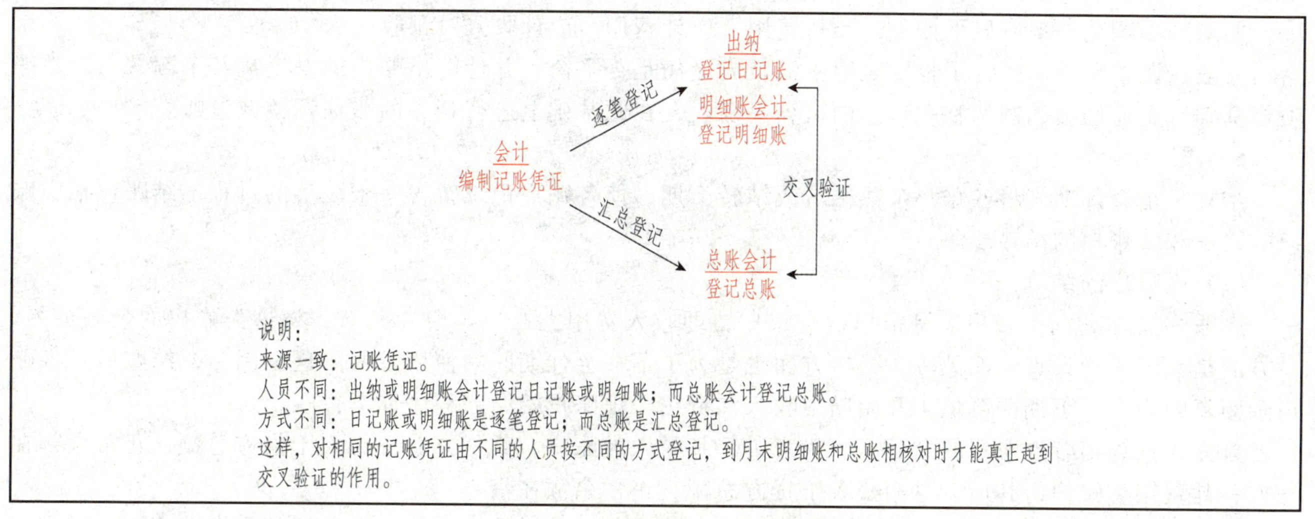


图1-3　会计人员工作关系图

（3）登账要求

不论登记哪种账簿，都应遵循以下规定：

①书写要求：各种账簿要按页次顺序连续登记，不得跳行、隔页。除制度规定允许用红色墨水登账的情况外，登记账簿要用蓝黑墨水或者碳素墨水书写，不得用圆珠笔（银行的复写账簿除外）或者铅笔书写。账簿中书写的文字和数字一般应占格距的二分之一，以便留有改错的空间。

②过账要求：登记会计账簿时，应当将会计凭证日期、编号、业务内容摘要、金额和其他有关资料逐项记入账内。登记完毕后，记账人员要在记账凭证上签名或者盖章，并注明已经登账的符号（如打“√”等）。

③错账更正要求：如果会计账簿记录发生错误，不允许用涂改、挖补、刮擦、药水消除字迹等手段更正错误，也不允许重抄，而应当根据情况按照规定采用划线更正法等进行更正；由于记账凭证错误而使账簿记录发生错误，应当首先更正记账凭证，然后再按更正的记账凭证登记账簿。

④余额结转要求：凡需要结出余额的账户，应当定期结出余额。库存现金日记账和银行存款日记账必须每天结出余额。每一账页登记完毕结转下页时，应当结出本页合计数和余额，写在本页最后一行和下页第一行有关栏内，并在摘要栏内注明“过次页”和“承前页”字样。一般分三种情况结计“过次页”的本页合计数：需要结计本月发生额的账户，结计“过次页”的本页合计数应当为自本月初起至本页末止的发生额合计数；需要结计本年累计发生额的账户，结计“过次页”的本页合计数应当为自年初起至本页末止的累计数；既不需要结计本月发生额也不需要结计本年累计发生额的账户，可以只将每页末的余额结转下页。

5.期末账项调整

（1）目的

实务中，企业经济业务的发生时间与相关货币的收支时间有时并不完全相同。例如，款项已经收到，但销售并未实现；或者款项已经支付，但并不是为本期生产经营活动而支付的。此时，应采用权责发生制而非收付实现制。对于大部分业务，平时会计程序就遵循了应计制，如采购业务中货已收、票未到未付款情况下的暂估入账，但还有不少业务，为方便起见，是安排在期末统一进行从收付实现制转为权责发生制的调整，这就是期末账项调整。可见，其目的是按照应收应付这一标准，合理地反映相互连接的各会计期间应得的收入和应负担的费用，使各期的收入和费用能在相互适应的基础上进行配比，从而比较正确地计算各期损益。值得注意的是，期末进行账项调整，虽然主要是为了在利润表中正确地反映本期的经营成果，但是，在收入和费用的调整过程中，必然会影响到资产负债表有关项目的增减变动。因此，账项调整也有助于正确地反映企业期末财务状况。

（2）期末账项调整类型

期末账项调整一般有以下四类：预付费用、应计费用、应计收入、预收收入。

一般在调整账项前，为了检验账簿中借贷方金额是否平衡，并计算出账户的发生额及余额，为调整账项打基础，企业还会编制调整账目前的试算平衡表，在此基础上进行相关的账项调整并过账。

6.结账

结账是指会计期末将各账户余额结清或结转下期，使各账户记录暂告一个段落的过程。结账包括虚账户的结清和实账户的结转。

（1）虚账户的结清

虚账户又称利润表账户，是指损益类账户，即收入费用类账户。会计期末，将这类账户的余额结平，一方面是为了正确计算当期盈亏，另一方面也是为了下一会计期间的使用方便。这是因为，结账后，各账户余额复归为零，下期便可从头开始归集收入和费用。虚账户的结账程序如下：

首先，计算出各虚账户的余额。一般来讲，凡收入类账户，其贷方总额必大于借方总额，正常余额在贷方；凡费用类账户，其借方总额必大于贷方总额，正常余额在借方。

其次，编制结账分录。为了结清虚账户，首先应设置一个旨在汇总收入和费用的中间账户——“本年利润”账户，以归集当期收入费用类账户的余额，待年末再结转到“利润分配——未分配利润”账户中。

结转收入类账户时：

借：主营业务收入
　　其他业务收入
　　投资收益
　　营业外收入
　　贷：本年利润

结转费用类账户时：

借：本年利润
　　贷：主营业务成本
　　　　其他业务成本
　　　　营业税金及附加
　　　　销售费用
　　　　管理费用
　　　　财务费用
　　　　营业外支出
　　　　所得税费用

年末，再将过渡性账户“本年利润”进行结转，借记“本年利润”账户，贷记“利润分配——未分配利润”账户。

（2）实账户的结转

实账户是指资产、负债和所有者权益三类账户，即列示在资产负债表中的账户。这类账户期末一般有余额，并随着企业经营活动的持续而递延到下一个会计期间。故其结账是指计算出各账户的本期发生额及期末余额，并画线结束，然后将期末余额结转到下期。

7.试算平衡

（1）概念

试算平衡是为了检查过账的正确性，将记入各账户的借方或贷方发生额和余额列示在一张表中，然后检查借方或贷方发生额合计、借方余额合计和贷方余额合计是否相等的一项会计工作。

试算平衡表与科目汇总表的区别是：试算平衡表包括期初余额、本期发生额和期末余额，而科目汇总表只有本期发生额；科目汇总表的数据来源于T形账户，但试算平衡表的数据来源于账本，顺序是先汇总至T形账户，然后进行科目汇总，再记入总账，随后结出总账各科目余额，最后进行试算平衡。

为了保证账簿记录的正确性，减少会计人员在各个程序中可能出现的差错，一般在账项调整前，在本期（日常）所发生的全部经济业务入账后，编制调整前的试算平衡表，在此基础上进行账项调整，编制调整分录并登记入账后，编制调整后的试算平衡表，再在此基础上进行损益的结转，编制结转分录并登记入账，这时账簿记录中的损益类账户已经没有余额了。一般还要编制结账后的试算平衡表，结账后的试算平衡表仅包括资产、负债和所有者权益等实账户，因为结账后的试算平衡往往指的是余额平衡，是为编制资产负债表打基础的。因此，试算平衡是一个重要的会计程序。不过，在实务中，只有结账后的试算平衡是必选程序，其他都是可选程序。

（2）编制步骤

试算平衡表的具体编制方法是：首先结计总分类账各账户的借、贷总额及余额，然后选定试算平衡表的格式，再依格式汇列。其主要步骤如下：

①将选定的空白试算平衡表取出，填注编制试算平衡表的日期。

②依总分类账各账户的编号、名称，按顺序填列于“科目编码”及“会计科目”栏。

③将总分类账各账户借、贷方总额或余额，依试算平衡表的格式，分别记入各该会计科目同行的相应金额栏内。

④将表内借、贷方总额或余额各栏的金额数字相加求和，以验算其合计数是否借贷平衡（相等）。

⑤如无抄写、结计错误，则其加计的借方总额与贷方总额、借方余额与贷方余额的合计数必然相等。然后，填入试算平衡表最后一行或最后一笔账项的下一行，并在同行会计科目栏，加注“合计”字样。最后，在金额栏的合计数上画单线，表示相加；在合计数下画双线，表示试算完成，并正确无误。

下面以孔夫子公司2013年11月底结账后的试算平衡表（见表1-8）为例，各总分类账见本书第二部分“四、相关账簿”。

表1-8　　孔夫子公司总分类账结账后试算平衡表

2013年11月30日　　单位：元

| 科目编码 | 会计科目 | 期初余额 | | 本期发生额 | | 期末余额 | |
|---|---|---|---|---|---|---|---|
| | | 借方 | 贷方 | 借方 | 贷方 | 借方 | 贷方 |
| 1001 | 库存现金 | 1 200.00 | | | | 1 200.00 | |
| 1002 | 银行存款 | 156 597.85 | | 203 180.00 | 136 545.00 | 223 232.85 | |
| 1122 | 应收账款 | 17 000.00 | | 290 160.00 | 205 300.00 | 101 860.00 | |
| 1231 | 坏账准备 | | 850.00 | | | | 850.00 |
| 1405 | 库存商品 | 285 900.00 | | 164 900.00 | 171 800.00 | 279 000.00 | |
| 1523 | 可供出售金融资产 | 56 350.00 | | | | 56 350.00 | |
| 1601 | 固定资产 | 1 394 500.00 | | | | 1 394 500.00 | |
| 1602 | 累计折旧 | | 528 700.00 | | 6 093.75 | | 534 793.75 |
| 2202 | 应付账款 | | 0 | 57 096.00 | 162 045.00 | | 104 949.00 |
| 2211 | 应付职工薪酬 | | 10 879.00 | 39 079.00 | 39 079.00 | | 10 879.00 |
| 2221 | 应交税费 | | -4 052.15 | 31 987.85 | 45 300.15 | | 9 260.15 |
| 2241 | 其他应付款 | | 5 819.00 | 5 819.00 | 5 819.00 | | 5 819.00 |
| 4001 | 实收资本 | | 500 000.00 | | | | 500 000.00 |

续表

| 科目编码 | 会计科目 | 期初余额 | | 本期发生额 | | 期末余额 | |
|---|---|---|---|---|---|---|---|
| | | 借方 | 贷方 | 借方 | 贷方 | 借方 | 贷方 |
| 4002 | 资本公积 | | 89 700.00 | | | | 89 700.00 |
| 4101 | 盈余公积 | | 135 980.00 | | | | 135 980.00 |
| 4103 | 本年利润 | | 116 232.25 | 191 760.05 | 212 000.00 | | 136 472.20 |
| 4104 | 利润分配 | | 527 439.75 | | | | 527 439.75 |
| 6001 | 主营业务收入 | | | 212 000.00 | 212 000.00 | | |
| 6301 | 营业外收入 | | | | | | |
| 6401 | 主营业务成本 | | | 145 400.00 | 145 400.00 | | |
| 6403 | 营业税金及附加 | | | 814.30 | 814.30 | | |
| 6601 | 销售费用 | | | 7 135.00 | 7 135.00 | | |
| 6602 | 管理费用 | | | 38 385.75 | 38 385.75 | | |
| 6603 | 财务费用 | | | 25.00 | 25.00 | | |
| | 合计 | 1 911 547.85 | 1 911 547.85 | 1 387 741.95 | 1 387 741.95 | 2 056 142.85 | 2 056 142.85 |

（3）工作底稿

为了减少会计循环中各个程序可能出现的错误，业务复杂的企业通常要编制两次甚至三次试算平衡表。在实际工作中，为了简化会计账务处理和登记的工作量，对上述多次试算，可以通过编制工作底稿来完成。所谓工作底稿，是指将调整分录前后的试算平衡和编制会计报表的工作集成在一起的一张表格。如果以编制工作底稿的方式来编制报表，则报表不必等到做完调整和结账分录并登账之后，而是在账项调整完成之后就可以编制。所以，一般情况下（不用工作底稿时），财务报表的编制在结账（结转虚账户和过渡性账户）之后进行。但在我国，一般企业并不采用工作底稿来进行期末工作。

8.编制利润表和资产负债表

会计报表是会计处理和循环中的最后一个环节，可以在结账后编制（不采用工作底稿），也可以在账项调整工作结束后编制（采用工作底稿）。企业定期编制的报表不完全一致，一般中期（月度、季度、半年度）财务报表主要包括资产负债表、利润表和现金流量表三张报表和相应的附表，年末还包括第四张重要的报表——所有者权益变动表。利润表又称损益表，反映一段期间的经营成果，是一张动态报表；资产负债表是指反映一定日期全部资产、负债和所有者权益情况的报表，是一张静态报表。编表的顺序一般是先利润表后资产负债表，最后在此基础上编制现金流量表。

事实上，结账后试算平衡表编制好后，利润表和资产负债表也就自然产生了，以孔夫子公司2013年11月为例，编制利润表时，直接取表1-8中科目编码以“6”开头的科目及其本期发生额分别填入利润表中对应位置，加收入减成本费用，得营业利润、利润总额和净利润。而编制资产负债表时，直接取表1-8中科目编码以“1”、“2”和“4”开头的科目及其期末余额分析填入资产负债表中对应位置，比如库存现金和银行存款余额合计224 432.85元填入资产负债表中的货币资金“期末数”栏；应收账款余额101 860元减去坏账准备余额850元得101 010元，填入资产负债表中应收款项“期末数”栏等，最后加总，资产总计应等于负债和所有者权益总计。由于现金流量表的编制相对复杂，留待第六章详细介绍。

注意：资产负债表中的往来款项目与往来款账户是两个不同的概念，往来款账户余额既可以在借方也可以在贷方，而往来款项目则具有明确的资产或负债性质，应收账款项目只表示资产（债权）；预收款项项目只表示负债（债务）。在销售循环，如果企业对某些客户只设置应收账款明细账，例如应收账款——X，而未设置预收账款明细账，到期末，应收账款——X如果出现贷方余额，说明已收客户款大于应收客户款（企业已发出的货物或者提供的劳务），相当于预收账款；同样，某些预收账款明细账在期末也可能出现借方余额，说明企业发出的货物或者提供的劳务大于客户先付的款项，相当于应收账款。故编制资产负债表时这两个账户应该打通来看，借方余额均表示债权，合计数在资产负债表左边的“应收账款”项目列示，贷方余额均表示债务，合计数在资产负债表右边的“预收款项”项目列示。以此类推，采购循环的“应付账款”和“预付账款”两个账户也应该打通来看，期末借方余额合计表示债权，在“预付款项”项目下列示，期末贷方余额合计表示债务，在“应付账款”项目下列示。其他应收款和其他应付款类似。另外，我们应该对债权计提坏账准备，也就是说，应该对这些明细账借方余额合计数计提坏账，而不是简单地按应收账款、预付账款、其他应收款总账余额直接计提。当然，如果这些往来账户明细账余额方向均正常时（即应收账款所有明细账余额均为借方，预收账款所有明细账余额均为贷方……），其明细账借方余额合计数就等于应收账款、预付账款、其他应收款总账余额合计数，此时，两种方法计提的坏账准备应无差异。

## 三、内部控制

内部会计控制是指一个单位为了保护资产的安全完整、保证会计信息资料的正确可靠而采用的一系列方法和程序。单据的使用和业务的记录就直接与内部会计控制相关。

1.充分的凭证和记录

合理地设计与控制单据能有效提高信息传递的准确性。

（1）对凭证预先编号，旨在防止遗漏、重复开单或记账，也便于日后快速查找需要。当然，如果对凭证的编号不作清点，预先编号就无太大意义。

（2）应当在经济业务发生当时或前后不久开具凭证，否则间隔时间越长，错误发生的几率就越大。

（3）凭证设计尽可能简单易懂，最好能多用途使用，并且注意为填写金额和权签人签字留有余地。

2.授权批准

每一项经营业务在得以执行之前，必须按照该项业务的授权程序，报经规定的人员或部门审批。不经审批，不得办理经营业务。这样就能确保一切不合法、不合理、不正确的经营活动在其未发生之前得到控制，确保企业的全部经营活动按照既定的方针政策进行。否则，如果任何人都能随意处置企业资产，内部控制显然是缺失的。

权签人审批后会在单据上签字，以此向后续流程传递该项审批信息。例如，信用部门经理在客户采购订单上签字，以此告知发货部门“赊销信用已获批，可以发货”。

3.财产物资保管与记录岗位的分离

如果这两项职责由一人兼任，则此人便能为一己私利处置财产，并篡改记录以解脱责任。举个例子，如果出纳既收现金又负责记录库存现金和应收账款的话，他就能侵占或挪用客户款项，并相应地故意漏记销售或收款。

4.独立的内部稽核

应由独立于业务流程任何岗位（包括业务经办、授权、资产保管和会计核算等）的人负责复核验证，确保记录的准确和完整。为保持独立性，稽核人员应避免由所稽核业务人员的下属、亲朋好友担任。

举个例子，会计负责编制记账凭证并登记相关明细账和总账，出纳负责货币资金的收付并登记库存现金日记账和银行存款日记账。到月底时，企业应核对银行对账单和银行存款日记账，编制银行存款余额调节表，这个事务由谁负责呢？显然不能再由出纳或管理银行存款账的会计人员负责，而应由其他人员担任，如果设有内部稽核岗位，应由稽核人员完成。但很多企业为了方便，让负责跑银行的出纳拿银行对账单并核对银行存款日记账，这种情况下，不舞弊只有一种可能，就是出纳本人很诚信，所以企业人员聘任制度中的背景调查也是重要的内部控制之一。

原始单据是企业各类信息的载体，分布在企业经营的各个环节，贯穿于内部控制工作的全过程。原始单据的规划、设计、填制、传递、监督检查等工作，充分体现了一个企业各项管理工作的脉络，体现了内部控制关键控制点以及对应的控制措施。例如，采购入库单一般包括仓库联、财务联、采购存根联，这种设计体现了相互牵制原则中不相容职务相分离的要求；再如，个人出差使用的借款单，内容通常包括借款情况说明、借款金额、时间以及经办人、部门主管、财务主管、分管厂领导的签字审批信息，这样既体现了业务内容又体现了审批权限和审批程序，明确了业务流程中各层次相关人员的管理权限和管理责任。随着经济业务的运行，所有的业务经办人、权签人在完成本环节职责后都会在原始单据上签字，故业务流程层面内部控制包括职责分离、授权审批、内部核查等其实都体现在原始单据中，因此审计人员最常见的控制测试便是检查原始单据及签字，并据此评价业务流程层面内部控制的好坏。在业务运行的同时，内部控制也在执行，原始单据随之生成并得以传递，流程的末端是会计入账，流程中产生的单据便是入账的依据。所以业务流、单据流（信息流）、内部控制和会计核算其实是浑然一体的，我们不能割裂业务、单据或内部控制而单纯地学习会计核算。

# 第二章　采购与付款循环

本章介绍采购与付款循环所涉及的主要业务活动、单据与会计记录。交易的一方是销售，另一方就是采购，一个公司的销售对另一个公司而言就是采购，同样，一个公司的付款对另一个公司而言就是收款。故透彻理解销售与收款循环将有助于对采购与付款循环的理解。采购与付款循环始于采购申请，止于支付采购款项并登记入账。其中一个重要部分就是记录应付账款。

## 一、子流程、业务活动和涉及的会计科目

采购与付款循环可大致分为四个子流程（见表2-1），每个流程涉及不同的业务活动与会计记录，进而影响财务报表项目。

表2-1　采购与付款循环子流程构成

| 子流程 | 业务活动 | 涉及的会计科目 |
| --- | --- | --- |
| 采购 | 采购申请、采购收货，入账 | 固定资产、应付账款、库存现金或银行存款、应交税费——应交增值税（进项税额）、库存商品 |
| 付款 | 支付货款，入账 | 库存现金、银行存款、应付账款等 |
| 购货退回或折让 | 申请购货退回或折让、申请退货，收借项通知单，入账 | 应付账款、应交税费——应交增值税（进项税额）、库存商品等 |
| 预付、应计费用和折旧 | 确定合适的计提金额，入账 | 累计折旧、管理费用等费用类账户，应付利息等 |

## 二、会计核算目标

采购与付款循环的会计核算目标如下：

（1）子流程中发生的所有交易均已记录；

（2）登记入账的交易金额准确；

（3）登记入账的交易分类恰当；

（4）所有交易的记录及时，归入正确的会计期间；

（5）所有重大交易在报表及附注中披露恰当。

## 三、采购业务活动及相关单据

采购业务活动及相关单据见图2-1和表2-2。

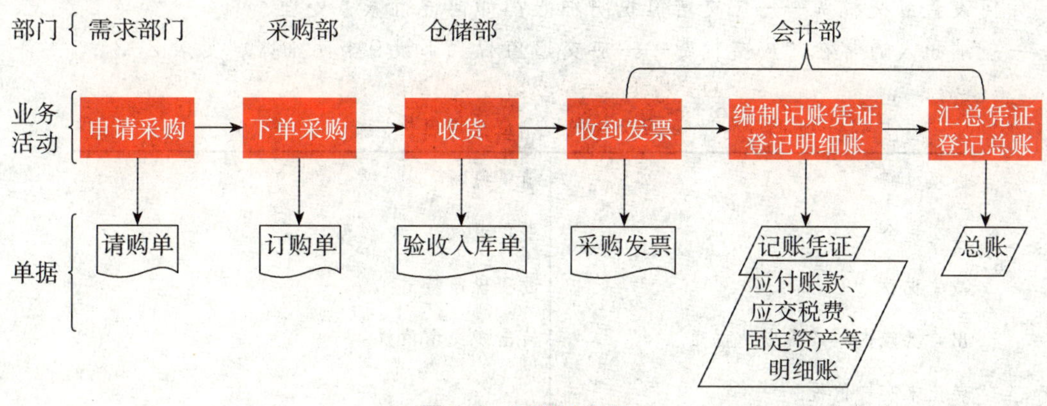


图2-1　采购流程图

思考：采购会计编制记账凭证时需要获得哪些原始单据？

提示：需要前面各环节形成的单据，如订购单、验收入库单和采购发票，对于采购申请单，有的企业要求附上，有的企业不作要求。到月底，可能存在一些有验收入库单无发票的采购业务，为了满足库存“账实一致”管理的需要，需暂估入账，借记存货类科目，贷记“应付账款——应计暂估”；待发票到后，再借记“应付账款——应计暂估”，借记“应交税费——应交增值税（进项税额）”，贷记“应付账款”。

表2-2　采购业务活动及相关单据表

| 业务活动 | 相关单据 |
| --- | --- |
| 申请采购——书面或口头申请采购商品或劳务是采购子流程的开始，既可以是仓库管理员申请购买材料，也可以是各个使用部门申请购买办公用品或固定资产。大多数企业对正常经营所需物资的购买均作一般授权，但对资本支出，则通常要求特别授权，只允许指定人员提前申购 | 请购单——由产品制造、资产使用等部门的有关人员填写，送交采购部门，申请购买商品、劳务或其他资产的书面凭证。它标明了需要的商品或劳务、需要的数量和需要的日期。由于企业内不少部门都可以填列请购单，可能不便事先编号，为加强控制，每张请购单必须经过对这类支出预算负责的主管人员签字批准 |
| 下单采购——采购部门收到采购申请后，只能对经过批准的请购单发出订购单。采购部门最主要的职责就是及时地向供应商购买需要的商品或劳务并以合适的价格购买需要的数量 | 订购单——用来向卖方购买商品或劳务的单据。订购单应该包括供应商名称和地址，所需要的商品品名、数量、价格等。通常是书面形式，预先按顺序编号并经过被授权的采购人员签名。存根联由采购部保留，正联送交供应商，其余副联送至企业内部的验收部门、会计部门等 |
| 收货——验收部门首先应比较所收商品与订购单上的要求是否相符，然后再盘点商品并检查有无损坏。大多数情况下，收货日期就是采购成交日，验收入库单对于记录采购业务至关重要 | 验收入库单——收到商品时所编制的凭证，列示收到的商品的种类、数量和日期等。验收入库单一式三联，预先按顺序编号，存根联留保管备查，财务联交会计部门，收据联交送货人 |
| 收到发票——收货之后不久，卖方就会寄来发票。大多数公司都会以此作为确认应付账款的依据，因为它包括了单价、运费和应付账款总额等信息 | 采购发票——供应商开具的，交给买方以载明发运的货物或提供的劳务、应付款金额和付款条件等事项的凭证。对卖家而言，称作销售发票 |
| 编制记账凭证，登记明细账——货到票到，借记原材料、库存商品或固定资产，借记应交税费——应交增值税（进项税额），贷记应付账款。月底货到票未到，暂估入账 | 应付账款明细账——按供应商设置，作用同应收账款明细账。应付账款明细账余额合计数和应付账款总账余额月底应一致<br>固定资产明细账——按类别设置，如房屋建筑物、电子设备、运输设备等<br>应交税费——应交增值税明细账——采购与付款循环只涉及一个三级明细账户，即进项税额 |
| 汇总凭证，登记总账——定期（5天、10天或15天，依业务量的多少而定）使用T形账户汇总记账凭证，编制科目汇总表，并登记相应总账 | 总账——涉及应付账款、固定资产、应交税费等总账 |

思考：如何设置应交税费——应交增值税明细账？如何进行账务处理？

提示：一般纳税人通常在“应交税费——应交增值税”下设9个明细账，见表2-3。

表2-3　应交税费——应交增值税明细账列表

应交税费——应交增值税

| 借方 | 贷方 |
| --- | --- |
| 进项税额 | 销项税额 |
| 已交税金 | 出口退税 |
| 减免税款 | 进项税额转出 |
| 出口抵减内销产品应纳税额 | 转出多交增值税 |
| 转出未交增值税 | |

“进项税额”记录企业购入货物或接受应税劳务、服务而支付的、准予从销项税额中抵扣的增值税额。企业购入货物或接受应税劳务、服务支付的进项税额，用蓝字登记；退回所购货物应冲销的进项税额，用红字登记。

“销项税额”记录企业销售货物或提供应税劳务、服务应收取的增值税额。企业销售货物或提供应税劳务、服务应收取的销项税额，用蓝字登记；退回销售货物应冲销的销项税额，用红字登记。

“进项税额转出”记录企业的购进货物、在产品、产成品等发生非正常损失以及其他原因而不应从销项税额中抵扣，按规定转出的进项税额。

“转出未交增值税”和“转出多交增值税”分别记录一般纳税企业月终转出未交或多交的增值税。月份终了，企业应将当月发生的应交未交增值税额自“应交税费——应交增值税”转入“未交增值税”明细账，这样“应交增值税”明细账不出现贷方余额。当月上交上月或以前月份实现的增值税时，如常见的申报期申报纳税、补缴以前月份欠税，借记“应交税费——未交增值税”，贷记“银行存款”。

“应交税费——应交增值税”的期末借方余额反映尚未抵扣的进项税额，贷方无余额。“应交税费——未交增值税”的期末借方余额反映多交的增值税，贷方余额反映未交的增值税。

以孔夫子公司2013年11月应交税费——应交增值税为例，发生2笔采购业务，合计进项税额27 897元，3笔销售、1笔销售退回业务，合计销项税额36 040元，故月末应转出未交增值税8 143元，

借：应交税费——应交增值税（转出未交增值税）　　8 143

　贷：应交税费——未交增值税　　8 143

到12月10日缴纳11月份增值税款时，再借记“应交税费——未交增值税”，贷记“银行存款”，金额8 143元。具体见T形账户：

借　　应交税费——应交增值税　　贷

| | 借 | 贷 | |
|---|---|---|---|
| 11月初余额→ | 4 352 | | |
| 采购进项 | 8 296 | 23 460 | 销售销项 |
| | 15 249 | 15 300 | |
| | | 6 120 | |
| | | 3 400 | |
| 借方合计→ | 27 897 | 36 040 | ←贷方合计 |
| 转出未交增值税→ | 8 143 | | |
| | | 0 | |

## 四、付款业务活动及相关单据

付款有两种类型：(1) 欠款支付；(2) 现购，即一手交钱一手交货，既可以采购商品也可以采购服务。

付款与收款的主要差异在于：(1) 资金流向不同，一个“出”，一个“入”；(2) 付款用支票是连续编号的，利于控制。

付款业务活动及相关单据见图2-2和表2-4。

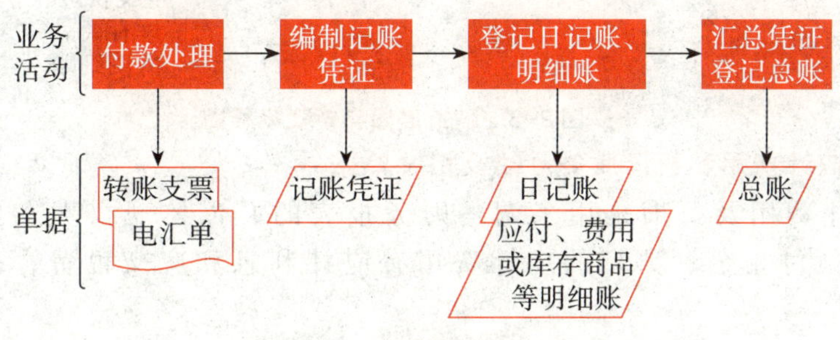


图2-2　付款流程图

表2-4 付款业务活动及相关单据表

| 业务活动 | 相关单据 |
| --- | --- |
| 付款处理——支付欠款只需权签人批准，现购付款则需要发票、采购订单、验收入库单等原始单据。支付方式多种多样，常用的有以下两种：同城——转账支票；异地——电汇。应根据采购发票、采购订单和验收入库单等信息正确填写支票或电汇单并签章 | 转账支票——必须载明付款人、确定的金额和日期，自签发日起10天有效。连续编号，一式两联，填写签章后正联交供应商，保留存根联用于记账<br>电汇单—— 一式两联，填写签章后送交银行，银行受理后，退回回单，企业凭此入账 |
| 编制记账凭证——贷记银行存款，欠款支付借记应付账款等，现购支付借记存货或费用类科目 | 记账凭证——编制付款凭证或通用记账凭证 |
| 登记银行存款日记账、明细账 ——同前 | 应付账款明细账——同前 |
| 汇总凭证，登记总账——同前 | 总账——涉及应付账款、银行存款等总账 |

思考：转账支票一旦签发就要入账吗？会计分录是什么？

提示：支票一旦签发，就应以存根联入账，借记应付账款或其他，贷记银行存款。需要注意的是：支票虽然是一种票据，但与"应收票据"、"应付票据"科目没有任何关系，所谓应收票据、应付票据仅指商业汇票。

思考：实际的银行存款是否因签发转账支票而随即减少？

提示：否，银行存款实际要等到供应商送存银行兑现支票时，才会真正减少；而签发当日又要贷记银行存款，因而会出现账实不一致，当这一时间差发生在月末，就是一种"未达账项"。

## 五、购货退回与折让业务活动和相关单据

企业购进货物后，由于与订购货物不符或质量未达到要求等各种原因，可能会发生全部退货、部分退货或进货折让等事项。购货退回与折让和销售退回与折让非常类似，差别在于前者为减少应付账款，后者为减少应收账款。

购货退回与折让业务活动及相关单据见图2-3和表2-5。

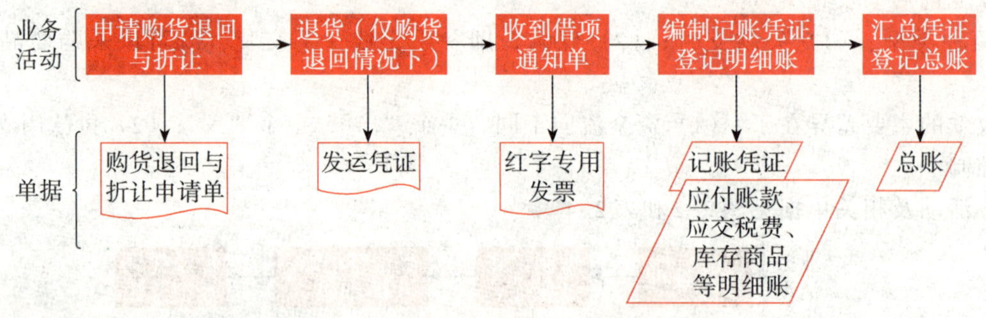


图2-3 购货退回与折让流程图

## 六、预付费用、应计费用和折旧业务活动及相关单据

预付费用、应计费用及折旧是用来调整财务报表的，以体现权责发生制原则。常见的预付费用有预付保险或预付租金；典型的应计费用有应计利息和应交税费；折旧是固定资产的定期摊销。

预付费用、应计费用和折旧业务活动及相关单据见图2-4和表2-6。

表 2-5　　**购货退回与折让业务活动及相关单据表**

| 业务活动 | 相关单据 |
| --- | --- |
| 申请购货退回与折让——流程的起始环节，通常由采购部门提出，贷项金额由双方协商决定 | 退货与折让申请单——退货一般需要书面申请，销售折让则一般无须书面申请。可以 Doc. No.11 为例，只不过是作为采购方待提交的退货申请单 |
| 退货（仅购货退回情况下）——应在退货当月入账 | 发运凭证——将货物发运退回给供应商时开具的单据。可以使用与销售流程中发货给客户相同的单据，只不过应注明是购货退回而非销售 |
| 收到借项通知单——借项通知单是反映由于退货或折让而减少向供应商付款金额的凭证，用于反映应付账款的减少。可见，由供应商开具的借项通知单的作用类似于发票，都会引起应付账款的变化，不过，发票一般贷记应付账款，借项通知单则需借记应付账款 | 红字专用发票——借项通知单的一种形式 |
| 编制记账凭证，登记明细账——企业进货后尚未入账就发生退货或折让的，无论货物是否入库，必须将取得的增值税专用发票的发票联和抵扣联退还给销售方注销或重新开具，不需作任何会计处理。企业进货后已作会计处理，发生退货或索取折让时，若专用发票的发票联和抵扣联无法退还，企业必须向当地主管税务机关开具“企业进货退出及索取折让证明单”送交销售方，作为销售方开具红字专用发票的合法依据。企业收到销售方开来的红字专用发票时，按发票上注明的增值税额，红字借记“应交税费——应交增值税（进项税额）”科目，按发票上注明的价款，红字借记“库存商品”等科目，按价税合计数，红字贷记“应付账款”等科目 | 应付账款、应交税费——应交增值税等明细账——同前 |
| 汇总凭证，登记总账——同前 | 总账——涉及应付账款、库存商品、应交税费等总账 |

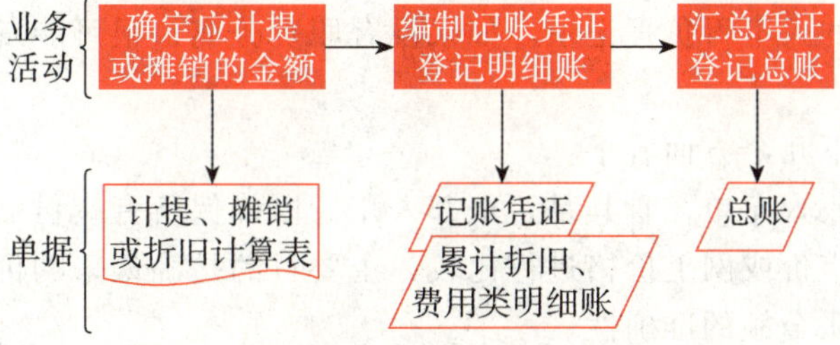


图 2-4　预付费用、应计费用和折旧流程图

表 2-6　　**预付费用、应计费用和折旧业务活动及相关单据表**

| 业务活动 | 相关单据 |
| --- | --- |
| 确定应计提或摊销的金额——举两个例子：①月末计提固定资产折旧，孔夫子公司 2013 年 11 月份计提折旧 6 093.75 元，11 月份未发生任何固定资产的增减变化，12 月份购入面包车一辆价值 15.6 万元，计算机一台 4 700 元，那么 12 月份应计提折旧仍为 6 093.75 元，因为 12 月份增加的固定资产要到 2014 年 1 月才开始提折旧，由于孔夫子公司使用平均年限法计提折旧，无残值，运输设备使用寿命 5 年，电子设备使用寿命 3 年，故 2014 年 1 月应计提折旧为 8 824.31 元（6 093.75+156 000÷5÷12+ 4 700÷3÷12）；②月末计提应交城市维护建设税和教育费附加，孔夫子公司 11 月份应缴纳的流转税为增值税 8 143 元，故以此为税基，分别计提 7% 的城市维护建设税即 570.01 元（8 143×7%）和 3% 的教育费附加即 244.29 元（8 143×3%） | 计提、摊销或折旧计算表——载明时间、计提依据、百分比和计提金额等。很多公司不附计算表，而是将每期计提数动态跟踪式地保存在同一份文件中 |

续表

| 业务活动 | 相关单据 |
| --- | --- |
| 编制记账凭证，登记明细账——计提折旧，应借记费用类科目，贷记累计折旧；计提城市维护建设税等，应借记营业税金及附加，贷记应交税费——应交城市维护建设税等，并登记相应的明细账 | 记账凭证——属期末调整分录<br>应交税费——应交城市维护建设税和应交教育费附加等明细账——每月月末分别按应交增值税的7%和3%计提，下月10日支付<br>管理费用明细账——按费用类别设置 |
| 汇总凭证，登记总账——同前 | 总账——涉及应交税费、营业税金及附加、管理费用、累计折旧等总账 |

## 七、内部控制

1.充分的凭证和记录

采购与付款子流程中单据应事先编号并且设计合理。例如，对入库单事先编号有利于企业确认所有的采购业务都已记录。同样，支票连续编号有利于企业确认所有签发的支票均已入账。有关如何合理设计单据的问题在第一章已经讨论了，此处不再赘述。

2.授权批准

采购和付款循环有四个关键授权，每一个都应该通过在恰当的单据上签字来确认。

（1）采购分级授权：权限不同，可批准采购的种类和数量也不相同，有利于防止过度采购或采购不需要的商品。

（2）采购价格授权：为了在考虑质量和服务的基础上取得最低的价格，很多公司都授权给采购部门。

（3）验收授权：货物送达入库前，为了确定所收货物是否合格，设专人验收是必要的。

（4）付款授权：权签人在支票上签名就是同意付款。权签人签字前应检查相关单据以确认付款是适当的。

3.资产的保管和记录相分离

验收货物或者签发支票的人不得负责记录。如果没有职责分离，很可能发生舞弊。

4.独立稽核

独立稽核工作可以从以下几个方面着手：

（1）按编号清点所有验收入库单，看其是否全部入账，以确保所有应付账款均已入账。

（2）将采购价格和当地市价或网上价格进行比较，主要目的是确认采购价格是否合理。

（3）检查记账凭证和入账金额的准确性。

（4）比较应付账款和固定资产等的总账和明细账，看余额是否一致。

（5）编制银行存款余额调节表，这也是企业最重要的内部控制之一。当银行存款余额调节表由不负责处理或记录银行存款收支业务的人编制时，它在发现错误和舞弊方面是很有帮助的。

为了更好地理解本章内容，图2-5展示了孔夫子公司2013年11月份采购与付款循环所涉及的单据和会计记录。由于应付账款、营业税金及附加的发生额一般仅与采购与付款循环相关，故本循环核算完毕后，可核对其明细账、总账与表1-8试算平衡表数字是否一致。此外，本循环还涉及应交税费——应交增值税借方、应交税费——应交城市维护建设税借贷双方，应交税费——应交教育费附加借贷双方、银行存款或库存现金贷方、三大费用类科目借方发生额，但这些科目同时还涉及其他循环，故核对其明细账、总账和试算平衡表三者是否一致时需同时考虑多个循环。

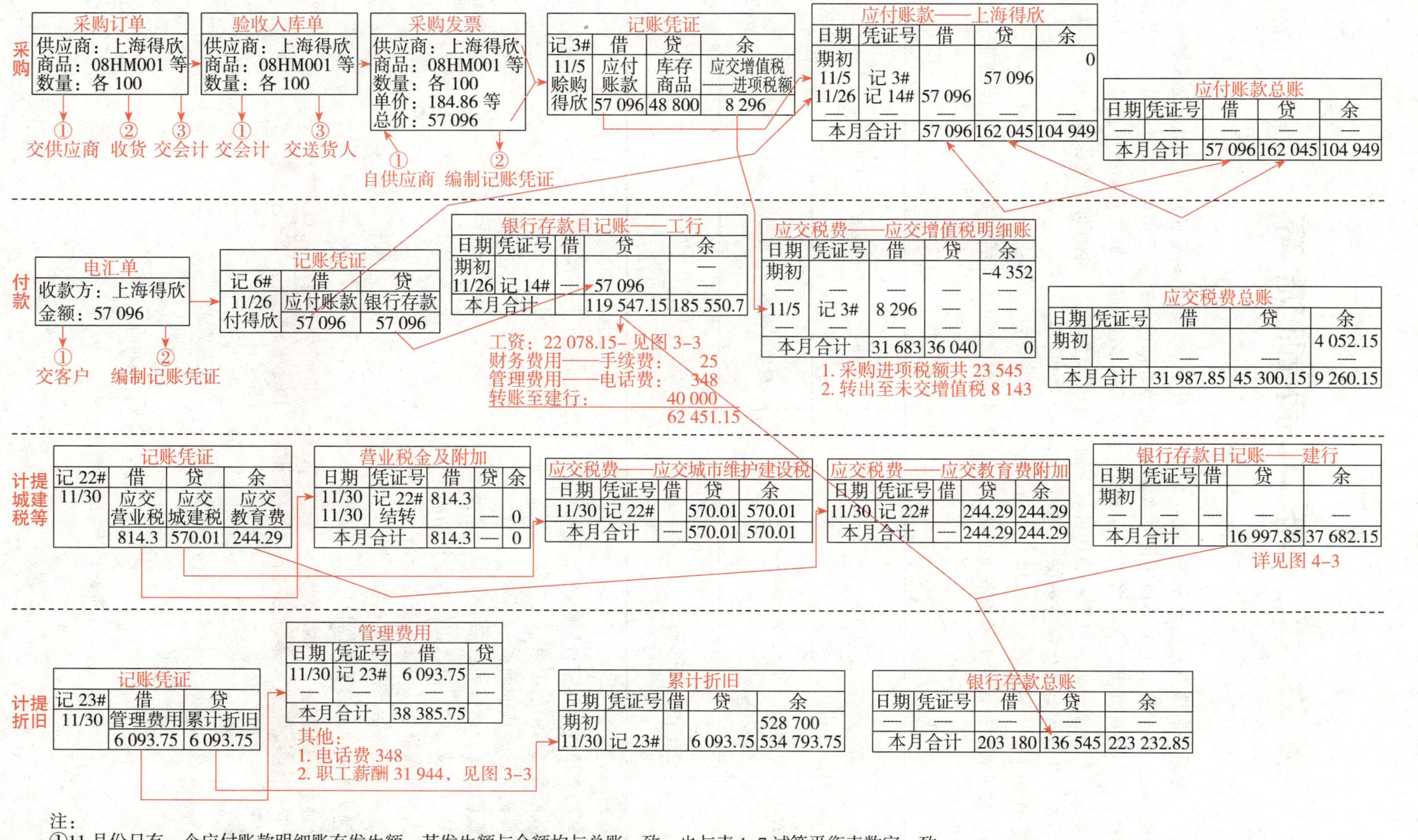


注：

①11 月份只有一个应付账款明细账有发生额，其发生额与余额均与总账一致，也与表 1–7 试算平衡表数字一致。

②应交增值税贷方发生额（如图 5–6 所示）与应交城市维护建设税、应交教育费附加贷方发生额合计 36 854.3 元，加上应交个人所得税贷方发生额 302.85 元（如图 3–3 所示）和未交增值税贷方发生额 8 143 元，总计 45 300.15 元与总账贷方发生额一致。应交增值税借方发生额 31 688 元加上本月应交个人所得税借方发生额 299.85 元，合计 31 987.85 元，与总账借方发生额一致，总账借贷发生额与表 1–7 试算平衡表一致。

③工行和建行本月贷方发生额合计 136 545 元（其中，支付职工薪酬见图 3–3），与总账贷方发生额一致，也与表 1–7 试算平衡表一致。

④营业税金及附加、管理费用（其中，计提职工薪酬见图 3–3）账户借方发生额均与表 1–7 试算平衡表一致。累计折旧贷方发生额也与表 1–7 试算平衡表一致。

图 2–5　采购与付款业务循环常见业务、单据和会计记录图

# 第三章　职工薪酬循环

本章介绍职工薪酬循环所涉及的主要业务活动、单据与会计记录。职工薪酬循环可以看成是采购与付款循环的一个组成部分：接受员工劳务类似于接受维修或咨询等外部服务；发薪类似于支付劳务款。无非一个是内部供应商，一个是外部供应商。当然，与采购与付款循环不同的是，职工薪酬循环还具有以下特色：支付员工报酬须代扣代缴个人所得税；会计科目不同，且因涉及五险一金（即养老保险、医疗保险、失业保险、工伤保险、生育保险和住房公积金），会计核算相对复杂。

## 一、子流程、业务活动和涉及的会计科目

职工薪酬循环又可大致分为两个子流程（见表3-1），每个流程涉及不同的业务活动与会计记录，进而影响财务报表项目。

表3-1　职工薪酬循环子流程表

| 子流程 | 业务活动 | 涉及的会计科目 |
| --- | --- | --- |
| 接受员工劳务、计提职工薪酬 | 雇用员工、接受劳务、记录工时、计提五险一金、入账 | 应付职工薪酬、管理费用、销售费用等 |
| 支付职工薪酬 | 发放工资、交五险一金、入账 | 应付职工薪酬、其他应付款、应交税费、银行存款、库存现金等 |

## 二、会计核算目标

职工薪酬循环的会计核算目标与采购及付款循环的会计核算目标几乎一致：

（1）职工薪酬所有交易均已记录；

（2）登记入账的交易金额准确；

（3）登记入账的交易分类恰当；

（4）所有交易的记录及时，归入正确的会计期间；

（5）所有重大交易在报表及附注中披露恰当。

## 三、计提职工薪酬业务活动及相关单据

计提职工薪酬业务活动及相关单据见图3-1和表3-2。

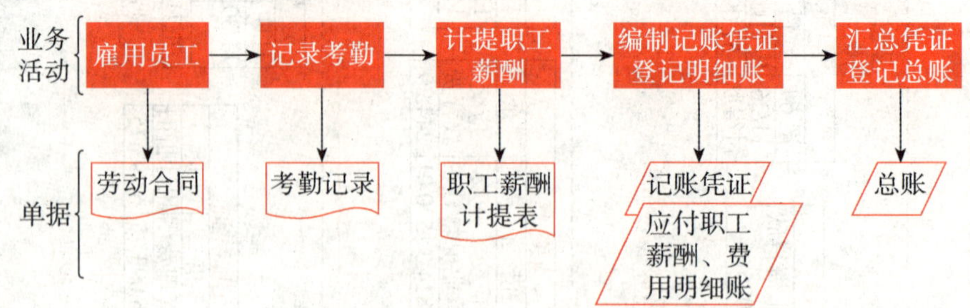


图3-1　计提职工薪酬流程图

表 3-2　　**计提职工薪酬业务活动及相关单据表**

| 业务活动 | 相关单据 |
| --- | --- |
| 雇用员工——经物色、面试和背景调查最终选定人员并签订劳动合同，建立用工档案，双方会就工资、“五险一金”及代扣代缴等问题达成一致协议 | 劳动合同——记录聘期、入职日期、劳动用工报酬等事项。人事部门保管，不作为记账凭证附件 |
| 记录考勤——一般为上下班打卡，实行按月工作时点和工作小时数 | 考勤记录——记录员工每天开始和结束工作时点 |
| 计提职工薪酬——每月按劳动合同和考勤记录等计提职工薪酬，应在员工劳务提供当月计提当月薪酬。按权责发生制计提职工薪酬，而不是等到支付时直接计入成本费用 | 职工薪酬计提表——记录应付工资、应交住房公积金、社会保险费和应交个人得税等。孔夫子公司使用工资结算表和“五险一金”计提表分别计提工资和“五险一金”，表3-3、表3-4分别列示了孔夫子公司11月底“五险一金”计提表和工资结算表 |
| 编制记账凭证，登记明细账——按表3-4计提工资做如下会计分录：<br>借：管理费用——工资　23 000<br>　　销售费用——工资　5 200<br>　贷：应付职工薪酬——工资　28 200<br>按表3-3计提“五险一金”做如下会计分录：<br>借：销售费用——住房公积金　540<br>　　　　　　——社会保险费　1 395<br>　　管理费用——住房公积金　2 496<br>　　　　　　——社会保险费　6 448<br>　贷：应付职工薪酬——住房公积金　3 036<br>　　　　　　　　——社会保险费　7 843 | 记账凭证——属期末调整分录<br>应付职工薪酬明细账——按类别设置“工资”、“社会保险费”（五险）和“住房公积金”三个明细分类账<br>销售费用明细账——按费用类别设置，如工资、社会保险费、住房公积金等<br>管理费用明细账——按费用类别设置 |
| 汇总凭证，登记总账——同前 | 总账——涉及管理费用、销售费用和应付职工薪酬等总账 |

孔夫子公司11月底“五险一金”计提表和工资结算表见表3-3和表3-4。

表 3-3　　**“五险一金”计提表**

2013年11月　　单位：元

| 应借科目 | 姓名 | 职位 | 基本工资 | “五险一金”企业承担部分 | | | | | | | “五险一金”个人承担部分 | | | | | |
| --- | --- | --- | --- | --- | --- | --- | --- | --- | --- | --- | --- | --- | --- | --- | --- | --- |
| | | | | 养老保险（20%） | 医疗保险（8%） | 失业保险（2%） | 工伤保险（1%） | 社会保险费小计 | 住房公积金（12%） | 合计 | 养老保险（8%） | 医疗保险（2%） | 失业保险（1%） | 社会保险费小计 | 住房公积金（12%） | 合计 |
| 管理费用 | 王 到 | 总经理 | 8 000 | 1 600 | 640 | 160 | 80 | 2 480 | 960 | 3 440 | 640 | 160 | 80 | 880 | 960 | 1 840 |
| | 钱满库 | 采购 | 4 500 | 900 | 360 | 90 | 45 | 1 395 | 540 | 1 935 | 360 | 90 | 45 | 495 | 540 | 1 035 |
| | 马千里 | 出纳 | 3 800 | 760 | 304 | 76 | 38 | 1 178 | 456 | 1 634 | 304 | 76 | 38 | 418 | 456 | 874 |
| | 都 督 | 会计 | 4 500 | 900 | 360 | 90 | 45 | 1 395 | 540 | 1 935 | 360 | 90 | 45 | 495 | 540 | 1 035 |
| | 小计 | | 20 800 | 4 160 | 1 664 | 416 | 208 | 6 448 | 2 496 | 8 944 | 1 664 | 416 | 208 | 2 288 | 2 496 | 4 784 |
| 销售费用 | 余德水 | 销售 | 4 500 | 900 | 360 | 90 | 45 | 1 395 | 540 | 1 935 | 360 | 90 | 45 | 495 | 540 | 1 035 |
| 合计 | | | 25 300 | 5 060 | 2 024 | 506 | 253 | 7 843 | 3 036 | 10 879 | 2 024 | 506 | 253 | 2 783 | 3 036 | 5 819 |

注：“五险一金”中，工伤保险和生育保险由用人单位负担，另外的“三险一金”即养老保险、医疗保险、失业保险和住房公积金由企业和个人共同缴纳，对于“三险一金”，孔夫子公司负担的部分分别按基本工资的20%、8%、2%和12%计算，个人负担的部分分别按基本工资的8%、2%、1%和12%计算并由公司代扣代缴，也即个人11月份负担的“五险一金”共5 819元先由公司从应付工资中扣减，待下月中旬再向社保局和地税局代缴。

表 3-4 工资结算表

2013年11月30日 单位：元

| 应借科目 | 姓名 | 职位 | 基本工资 | 津贴 | 奖金 | 缺勤应扣 | | 应付工资 | 计税工资 | 代扣款项 | | | 实发工资 | 签收 |
|---|---|---|---|---|---|---|---|---|---|---|---|---|---|---|
| | | | | | | 事假 | 迟到早退 | | | 代扣个人所得税 | 代缴社会保险费（个人） | 代缴住房公积金（个人） | | |
| 管理费用 | 王 到 | 总经理 | 8 000 | 1 000 | | | | 9 000 | 7 160 | 261 | 880 | 960 | 6 899 | 王到 |
| | 钱满库 | 采购 | 4 500 | 400 | | | | 4 900 | 3 865 | 10.95 | 495 | 540 | 3 854.05 | 钱满库 |
| | 马千里 | 出纳 | 3 800 | 400 | | | | 4 200 | 3 326 | 0 | 418 | 456 | 3 326 | 马千里 |
| | 都 督 | 会计 | 4 500 | 400 | | | | 4 900 | 3 865 | 10.95 | 495 | 540 | 3 854.05 | 都督 |
| | 小计 | | 20 800 | 2 200 | | | | 23 000 | 18 216 | 282.9 | 2 288 | 2 496 | 17 933.1 | |
| 销售费用 | 余德水 | 销售 | 4 500 | 400 | 300 | | | 5 200 | 4 165 | 19.95 | 495 | 540 | 4 145.05 | 余德水 |
| 合计 | | | 25 300 | 2 600 | 300 | | | 28 200 | 22 381 | 302.85 | 2 783 | 3 036 | 22 078.15 | |

注：

①“代缴社会保险费（个人）”栏和“代缴住房公积金（个人）”栏数据分别来自表3-3“五险一金”计提表中个人承担部分“社会保险费小计”栏和“住房公积金（12%）”栏。

②实发工资＝应付工资-代缴社会保险费（个人）-代缴住房公积金（个人）-代扣个人所得税。

## 四、支付职工薪酬业务活动及相关单据

支付职工薪酬业务活动及相关单据见图3-2和表3-5。

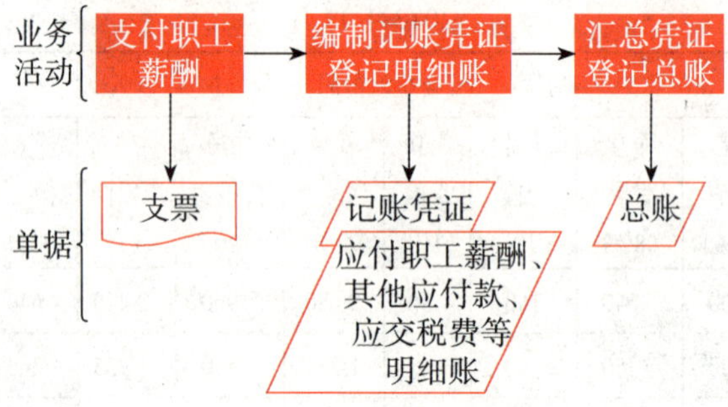


图3-2 支付职工薪酬流程图

## 五、内部控制

1.充分的凭证和记录

无论现金支票还是转账支票均事前连续编号，利于清点并确认所有签发的支票是否均已入账。

2.授权批准

授权批准体现在以下环节：

（1）雇用员工：批准同意符合要求的员工加入企业。

（2）工资率：无论小时工资率还是日工资率的确定都需要权签人批准。

（3）正常/加班工作小时数：请假或加班均需得到所在部门领导的同意。

（4）解雇员工：需及时解雇冗余人员。更为重要的是，还须确保解雇后停止发薪。

表3-5 **支付职工薪酬业务活动及相关单据表**

| 业务活动 | 相关单据 |
|---|---|
| 1.支付职工薪酬——包括以下四项：<br>(1) 计算个人所得税：自2011年9月1日起，个税起征点调高至3 500元。网上有个人所得税计算器可用。个人所得税一般由企业代扣代缴，也即发放工资时在应付工资中扣除，后由公司向地税局缴纳<br>(2) 计算实发工资：将计提的应付工资扣减个人所得税和“五险一金”个人承担部分即为实发工资<br>(3) 按实发工资数向员工发放工资：既可以给员工统一办银行卡并与银行签订代发工资协议，由银行将工资从公司账户转入个人账户，也可以填开现金支票提取现金发放工资（注意填写现金支票时，收款人应填本单位名称，并在现金支票背面“被背书人”栏内加盖本单位的财务专用章和法人章）。从内部控制来看，前一种方法明显优于后一种方法<br>(4) 缴纳“五险一金”：包括企业承担的“五险一金”和代缴个人承担的“五险一金”两部分。社会保险费（企业和个人承担）一般由地税代社保局收取，住房公积金（企业和个人承担）由住房公积金管理中心收取 | 支票 |
| 2.编制记账凭证、登记明细账——按表3-4支付工资时做如下会计分录：<br>借：应付职工薪酬——工资 28 200<br>贷：应交税费——应交个人所得税 302.85<br>其他应付款——代缴个人住房公积金 3 036<br>——代缴个人社会保险费 2 783<br>库存现金/银行存款 22 078.15<br>12月中旬向地税缴纳社会保险费，依据税收电子转账专用完税证做如下分录：<br>借：应付职工薪酬——社会保险费 7 843<br>其他应付款——代缴个人社会保险费 2 783<br>贷：银行存款 10 626<br>12月中旬填开转账支票向住房公积金管理中心缴纳住房公积金，依存根联做如下分录：<br>借：应付职工薪酬——住房公积金 3 036<br>其他应付款——代缴个人住房公积金 3 036<br>贷：银行存款 6 072 | 其他应付款明细账——下设代缴社会保险费和代缴个人住房公积金两个明细账户。每月底支付工资时代扣，下月中旬缴纳企业承担的社会保险费和住房公积金时再一并代缴<br>应交税费——应交个人所得税明细账——每月底支付工资时代扣，下月10日缴纳应交城市维护建设税和教育费附加时一并代缴 |
| 3.汇总凭证，登记总账——同前 | 总账——涉及其他应付款、应付职工薪酬、应交税费和银行存款等总账 |

3.打卡机

打卡机能避免有意或无意错报工作时间，这对于按小时计费的员工薪酬来讲尤为重要。另外还需要采取相应措施杜绝代打卡现象。

4.岗位职责分离

保管支票的人不得兼任人事决定、考勤管理、保管财务印章、相关账目登记和编制银行存款余额调节表等工作。

5.独立稽核

在职工薪酬循环中存在不少内部稽核的环节，下面举三个例子：

（1）独立编制银行存款余额调节表。

（2）重新计算出勤时间，将工资率和劳工合同、应付工资扣减项与个税及个人承担的“五险一金”相比较。

（3）按考勤记录清点工资发放清单。

为了更好地理解本章内容，图3-3展示了孔夫子公司2013年11月份职工薪酬循环所涉及的单据和会计记录。应付职工薪酬科目一般只用于职工薪酬业务循环，另外，在孔夫子公司11月份的业务中，其他应付款、销售费用两账户的发生额也仅与该循环有关，故核算完本循环业务后，可核对这三个账户的明细账、总账和试算平衡表数字是否一致。此外，本循环还涉及银行存款或库存现金贷方发生额、应交税费——应交个人所得税借贷双方发生额、管理费用借方发生额，但这些科目同时也涉及其他循环，故核对其明细账、总账和试算平衡表三者是否一致时需同时考虑多个循环。

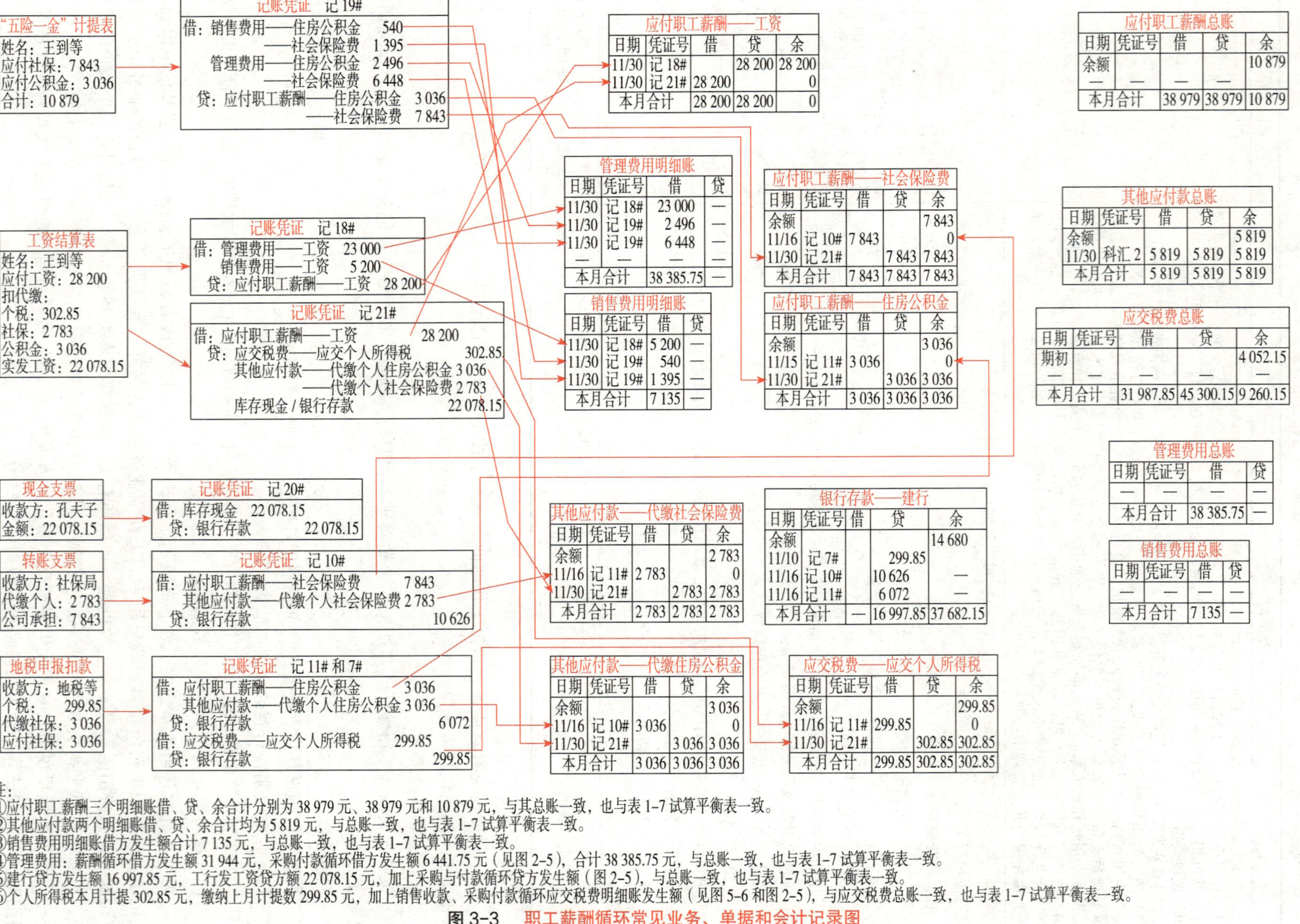


注：

①应付职工薪酬三个明细账借、贷、余合计分别为 38 979 元、38 979 元和 10 879 元，与其总账一致，也与表 1-7 试算平衡表一致。

②其他应付款两个明细账借、贷、余合计均为 5 819 元，与总账一致，也与表 1-7 试算平衡表一致。

③销售费用明细账借方发生额合计 7 135 元，与总账一致，也与表 1-7 试算平衡表一致。

④管理费用：薪酬循环借方发生额 31 944 元，采购付款循环借方发生额 6 441.75 元（见图 2-5），合计 38 385.75 元，与总账一致，也与表 1-7 试算平衡表一致。

⑤建行贷方发生额 16 997.85 元，工行发工资贷方额 22 078.15 元，加上采购与付款循环贷方发生额（图 2-5），与总账一致，也与表 1-7 试算平衡表一致。

⑥个人所得税本月计提 302.85 元，缴纳上月计提数 299.85 元，加上销售收款、采购付款循环应交税费明细账发生额（见图 5-6 和图 2-5），与应交税费总账一致，也与表 1-7 试算平衡表一致。

图 3-3 职工薪酬循环常见业务、单据和会计记录图

# 第四章　存货循环

本章将讨论资产负债表中一项很重要的资产——存货，包括定期盘存制、永续盘存制，以及存货循环和其他循环的关系。

## 一、定期盘存制

在定期盘存制下，确定存货期末余额的唯一方法就是实地盘点。在存货的明细账记录中，存货的增加要根据有关会计凭证，逐笔连续记录，但存货因正常业务的发出不作记录，平时不结算账面结存数量和金额，而是根据期末实地盘点的结果，确定每一种存货账面结存数量和金额，并采用倒挤的方法计算本期销售或耗用的存货数量和金额。定期盘存制下售出的存货是用图4-1的公式计算的。

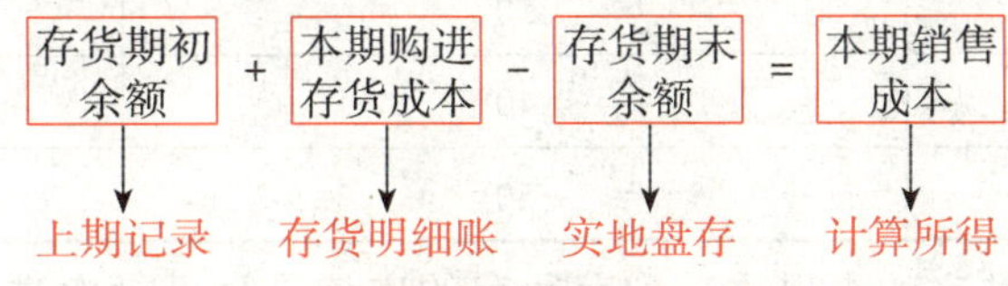


图4-1　定期盘存制下存货计算公式图

在定期盘存制下，重点是确定存货的期末价值以计算本期的销货成本。图4-2列示了确定存货期末价值的步骤。

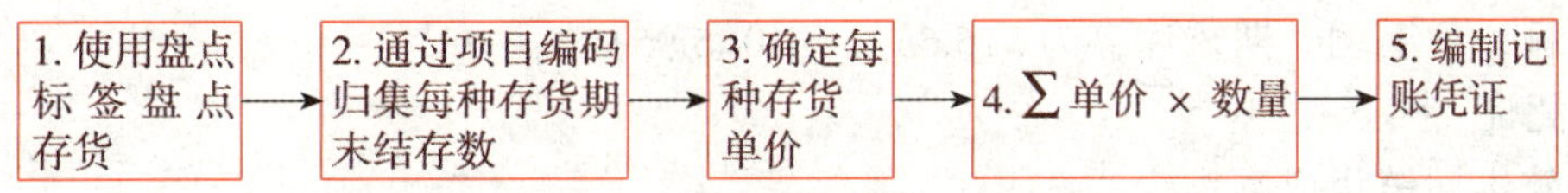


图4-2　用定期盘存制确定存货期末价值的步骤

1. 盘点存货

公司应定期盘点存货，最好安排在报表日进行。日常生活中，你有时会看到商店贴出“关店盘点”的告示，那其实就表示该店正在库存盘点。简单地，可以直接按盘点表（载有存货项目编码、数量等）盘点实物，还有一种复杂而有效的方法是使用盘点标签，盘点标签连续编号，一式两份，如图4-3所示。首先，初盘人盘点库存，按盘点结果如实填写其中一份“盘点标签”，签名并留存，另一份空白标签直接贴于物品上。复盘人盘点相同的存货，按复点数量填写另一份盘点标签，并签名确认。存货盘点结束后，盘点小组组长应确认所有的存货都贴上了标签，然后收回存货上的所有标签。如果两份标签上信息不同，就应重新对该存货进行盘点。由于标签和实物一一对应，这种盘点方法有效避免了遗漏或重复盘点，从而保证了盘点的准确性。

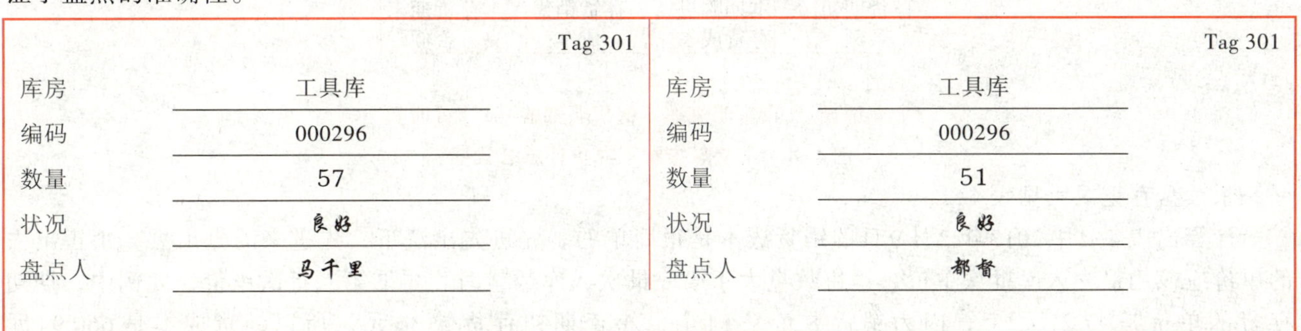


图4-3　存货盘点标签

2. 归集存货数量

通常，同种存货可能存放于企业不同的地方，因而被记录在不同的标签上。无论使用先进先出法还是移动一次加权平均法，都需要在计算存货成本前先归集同种存货的数量。

每张标签上只有一种存货和数量，把标签上的信息输入电脑，并按编码归集数量，就能得到每一种存货的库存总数。

3.确定每种存货单价

存货单价是由存货的计价方法和存货种类决定的。先进先出法计算的单价和加权平均法计算的单价是不同的。在计算存货成本时，还必须考虑存货的运费和装卸费是否包含在存货成本中。人工成本和制造费用也是在产品和产成品成本的一部分。

确定存货计价方法之后，依据卖方发票计算每一种存货的单价。比如，有一种存货，编号是B1603，在报告日（2011年6月30日）这天，有53个，期初21个，单价5.9元/个。本期发生的购货业务见表4-1。

表4-1 购货业务表

| 购货日期 | 购买量(个) | 单价(元/个) |
| --- | --- | --- |
| 2011年2月16日 | 30 | 5.8 |
| 2011年4月28日 | 50 | 6.05 |
| 2011年6月3日 | 40 | 5.95 |
| 2011年7月15日 | 50 | 6.1 |

如果使用先进先出法，先进来的先出去，库存留存的应该是最后批次进来的存货，故期末存货单价应是5.95元/个(40个)和6.05元/个(13个)。7月15日购进的存货不应被纳入，因为它是在报告日之后购进的。

4. $\sum$单价×数量

这一步很机械，如上例，期末库存为316.65元（40×5.95+13×6.05）。

5.编制记账凭证

如上例，倒轧本期销货成本：

本期销货成本=期初库存+本期购入−期末库存= 21×5.9+(30×5.8+50×6.05+40×5.95)−316.65=521.75（元）

故编制记账凭证如下：

借：主营业务成本 521.75

　贷：库存商品 521.75

## 二、永续盘存制

1.永续盘存制的概述

永续盘存制也称账面盘存制，就是通过设置存货明细账，对日常发生的存货增加或减少，都必须根据会计凭证在账簿中进行连续登记，并随时在账面上结算各项存货的结存数。存货余额和购货之间的关系以及销货成本的确定和定期盘存制是不同的，永续盘存制下存货的计算公式如图4-4所示。

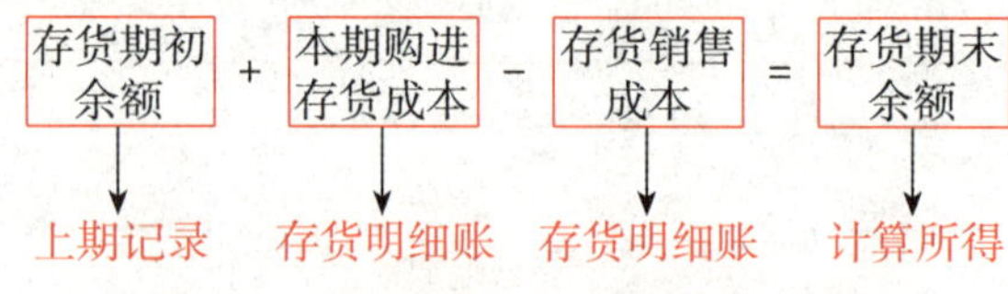


图4-4 永续盘存制下存货计算公式图

永续盘存记录表见表4-2。

计算出表4-2中2013年2月9日的销货成本是很简单的。先进先出法下，先进来的先出去，销售出去的单价应该用最先入库批次单价，销售数量大于第一批次入库数量时，再取第二批次单价，此例中，期初存货的单价是47.21元/个，因为销货数量是14个，小于期初存货数36元，所以销货成本是660.94元（14×47.21）。

2013年4月2日的销货成本计算相对复杂，销售数量37个中，22个（36−14）是期初库存，15个（37−22）是2月6日进货，故销货成本为1 813.67元（22×47.21+15×51.67）。

表4-2　　　　　　　　　　　　　　**永续盘存记录表**

| 产品A-11　存货计价方法:先进先出法 | | | | | | | | |
|---|---|---|---|---|---|---|---|---|
| 日期 | 验收单或运输单号 | 购货或退回 | | | 销货 | | 余额 | |
| | | 数量 | 单价 | 总价 | 数量 | 总价 | 数量 | 总价 |
| 2013年1月1日 | | | 47.21 | | | | 36 | 1 699.56 |
| 2013年2月6日 | R62 | 41 | 51.67 | 2 118.47 | | | 77 | 3 818.03 |
| 2013年2月9日 | S211 | | | | 14 | 660.94 | 63 | 3 157.09 |
| 2013年3月4日 | R71 | 28 | 50.89 | 1 424.92 | | | 91 | 4 582.01 |
| 2013年4月2日 | S340 | | | | 37 | 1 813.67 | 54 | 2 768.34 |

当使用永续盘存制时，每笔销货交易有两个会计分录：

（1）确认销售收入。以销售价格记录销售额。

（2）确认销售成本。每笔销售都要记录，借记主营业务成本，贷记存货。

我们知道，使用定期盘存制时，日常的每笔销售都只记录收入不记录成本，只在期末依盘点结果倒轧计算并记录销售成本。

2.永续盘存制的优点

（1）加强了对库存商品的管理。在库存商品明细账中，可以随时反映出每种库存商品的收入、发出和结存情况，并在数量和金额两方面进行控制。明细账上的结存数量，可以通过盘点与实存数量进行核对。当发生库存溢余或短缺时，可以查明原因，及时纠正。

（2）明细账上的结存数，还可以随时与预定的最高和最低库存限额进行比较，取得库存积压或不足的资料，以便及时组织库存品的购销或处理，加速资金周转。

3.永续盘存制的实地盘点

在永续盘存制下，对库存品仍须定期或不定期地进行实地盘点，以便核对账存数和实存数是否相符。实存数和账存数之间产生差异最主要的原因就是存货记录错误和存货的失窃。当然，企业应该调查实存数和账存数之间的重大差异。进行实地盘点的频率取决于以前实存和账存之间差异的数量、频率和金额大小。

永续盘存制下，假如账存数值得信赖的话，便能依据账存数很快确定报表日的存货数量和金额。

## 三、存货循环与其他循环的关联

为了简便起见，本书在讨论销售与收款的单据和记录以及购货与付款的单据与记录时，均未考虑库存商品的永续盘存。事实上，这两大业务循环和存货息息相关，图4-5列示了这两大业务循环对永续盘存的影响。具体来讲，有四个子循环会影响库存的永续盘存记录：销售、销货退回、购货和购货退回。

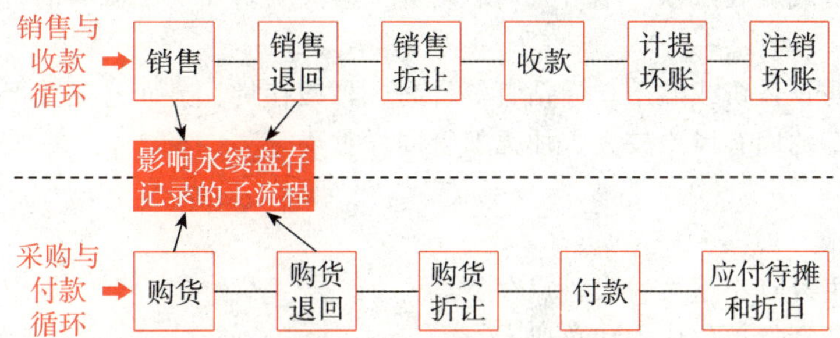


图4-5　永续盘存制和销售、销售退回、购货和购货退回之间的关系图

图4-6展示了销售、采购和永续盘存的业务活动和单据之间的关系，购货退回和销售退回没有展示出来，但是概念是相同的。正如图4-6展示的，永续盘存制下记录存货增加依据的是验收入库单和采购发

票，验收入库单说明了所收货物的数量，采购发票说明了单价和总价，这两种单据同时也是采购业务的一部分。永续盘存制下记录存货减少依据的是货运单据，而货运单据同时也是销售业务的一部分。永续盘存制下的销售成本是由存货计算方法（先进先出法、后进先出法及加权平均法）决定的。

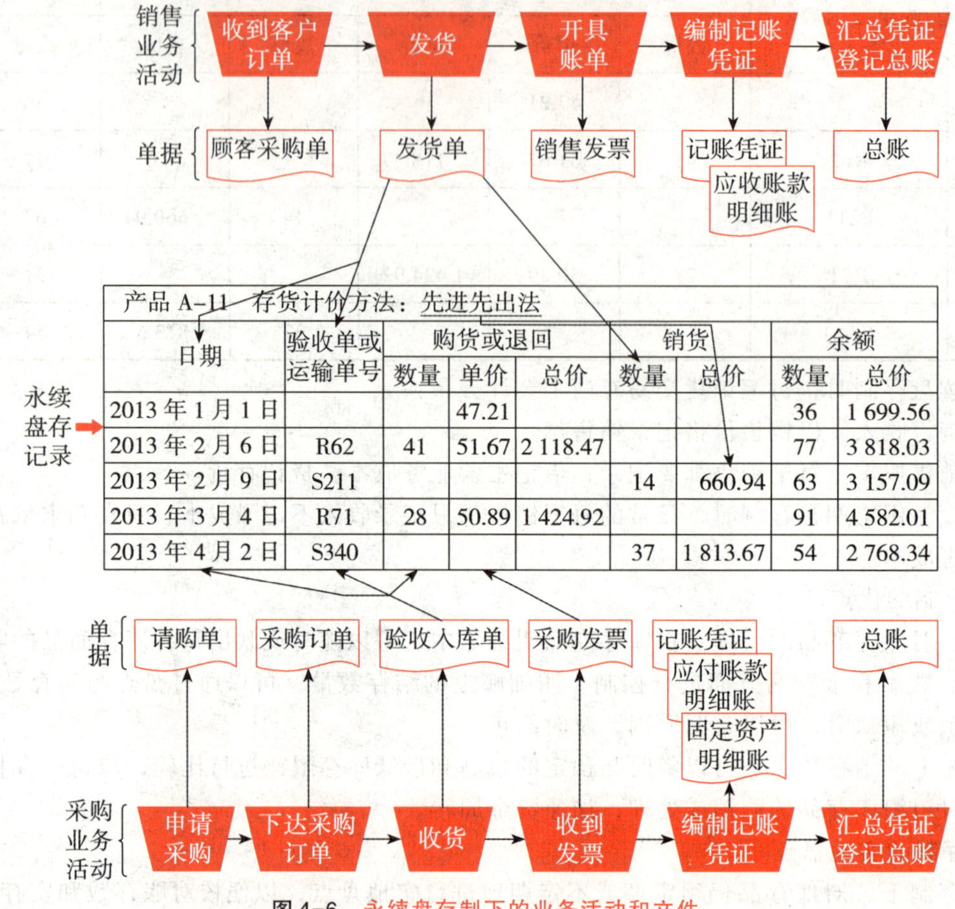


产品 A-11　存货计价方法：先进先出法

| 日期 | 验收单或运输单号 | 购货或退回 | | | 销货 | | 余额 | |
|---|---|---|---|---|---|---|---|---|
| | | 数量 | 单价 | 总价 | 数量 | 总价 | 数量 | 总价 |
| 2013 年 1 月 1 日 | | | 47.21 | | | | 36 | 1 699.56 |
| 2013 年 2 月 6 日 | R62 | 41 | 51.67 | 2 118.47 | | | 77 | 3 818.03 |
| 2013 年 2 月 9 日 | S211 | | | | 14 | 660.94 | 63 | 3 157.09 |
| 2013 年 3 月 4 日 | R71 | 28 | 50.89 | 1 424.92 | | | 91 | 4 582.01 |
| 2013 年 4 月 2 日 | S340 | | | | 37 | 1 813.67 | 54 | 2 768.34 |

图 4-6　永续盘存制下的业务活动和文件

## 四、内部控制

前面章节已经讨论了一些和存货相关的内部控制，比如，采购与销售的授权、连续编号的入库单和货运单据、内部稽核等。下面再介绍一些存货循环的其他内部控制：

1. 永续盘存明细记录

准确的永续盘存明细记录能帮助企业很好地控制存货水平，还有助于确定是否存在存货盗窃行为。

2. 职责分离

存货的保管与记录应该分离。比如，负责存货验收入库人员不得记录存货或应付账款；运送货物给顾客的人不得负责记录存货或应收账款。不恰当的职责分工会大大增加徇私舞弊的机会和几率。

3. 存货保管

应加强存货保管，防止盗窃或滥用。像钻石等价高、易搬存货，显而易见要严格保管。对民用存货如轮胎、生活用品等，失窃的固有风险较大，加强保管同样重要。

4. 内部稽核

举两个例子：

（1）定期盘点时，由复点小组再一次盘点存货。

（2）按实盘结果重新计算单位成本和总成本。

为了更好地理解本章的内容，图 4-7 展示了孔夫子公司 2013 年 11 月份存货循环所涉及的单据和会计记录。

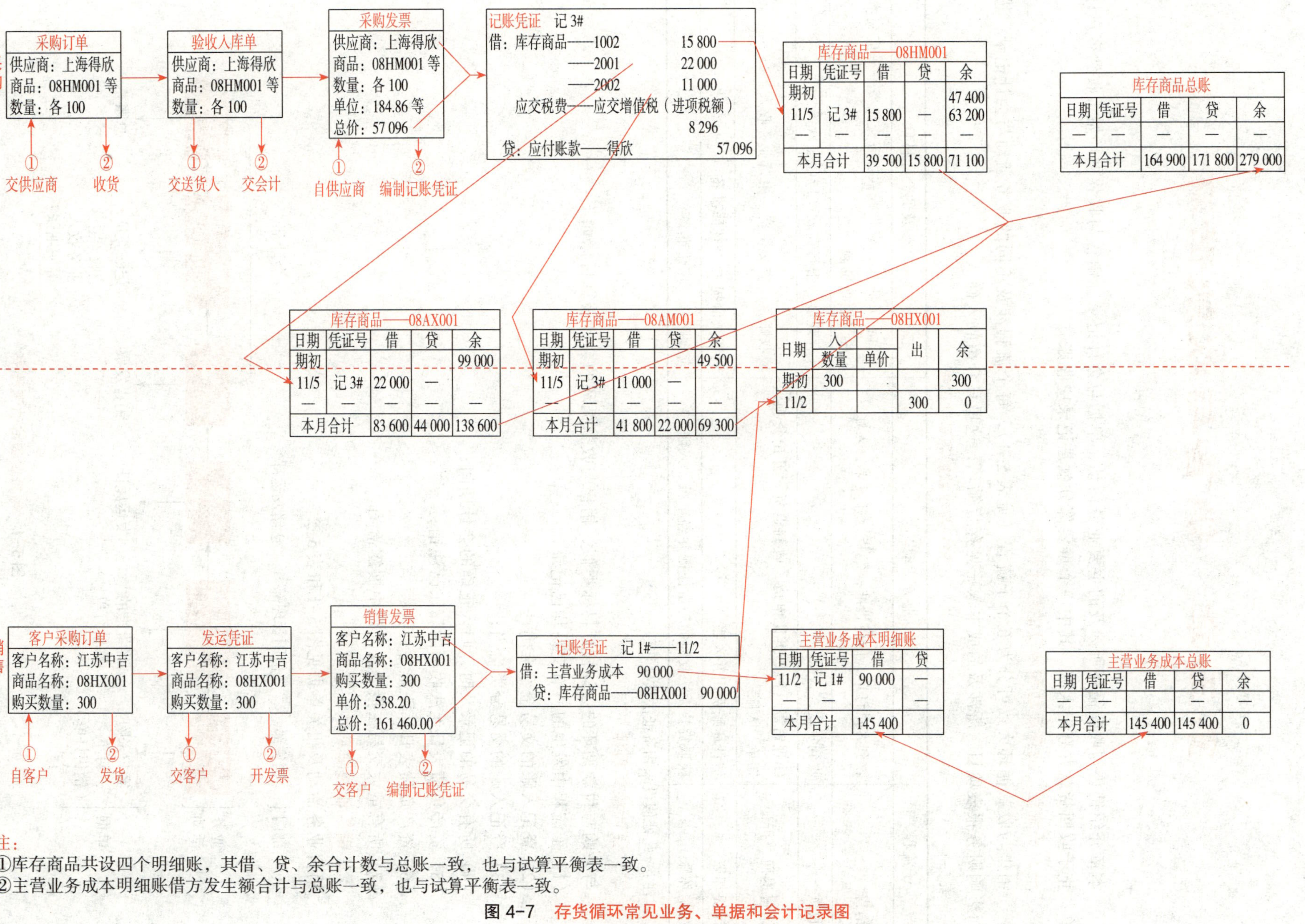


注：

①库存商品共设四个明细账，其借、贷、余合计数与总账一致，也与试算平衡表一致。

②主营业务成本明细账借方发生额合计与总账一致，也与试算平衡表一致。

图 4-7 存货循环常见业务、单据和会计记录图

# 第五章　销售与收款循环

本章介绍销售与收款循环所涉及的主要业务活动、单据与会计记录。销售与收款循环始于收到客户订单，止于收回货款并登记入账。其中一个重要部分就是记录应收账款。

## 一、子流程、业务活动和涉及的会计科目

销售与收款循环大致可分为五个子流程（见表5-1），每个流程涉及不同的业务活动与会计记录，进而影响财务报表项目。所涉及的成本入账见存货循环，这里只介绍收入确认。

表5-1　销售与收款循环子流程表

| 子流程 | 业务活动 | 涉及的会计科目 |
| --- | --- | --- |
| 销售 | 收到客户订单，信用批准，发货，开发票，入账 | 主营业务收入、应收账款、应交税费——应交增值税（销项税额） |
| 收款 | 收到货款，入账 | 库存现金、银行存款、应收账款等 |
| 销售退回、折让 | 处理销售退回、折让申请，收到退货，开出贷项通知单，入账 | 应收账款、应交税费、主营业务收入 |
| 计提坏账 | 估计坏账费用并入账 | 资产减值损失*、坏账准备 |
| 注销坏账 | 获取货款无法收回的确凿证据并经审批、入账 | 应收账款、坏账准备 |

注：*此处假设采用备抵法核销坏账。

## 二、会计核算目标

与采购与付款循环的会计核算目标类似，销售与收款循环的会计核算目标如下：

（1）子流程中发生的所有交易均已记录；

（2）登记入账的交易金额准确；

（3）登记入账的交易分类恰当；

（4）所有交易的记录及时，归入正确的会计期间；

（5）资产负债表日无法收回的坏账已注销；

（6）资产负债表日坏账准备计提；

（7）所有重大交易在报表及附注中披露恰当。

## 三、销售业务活动及相关单据

销售业务活动及相关单据见图5-1和表5-2。

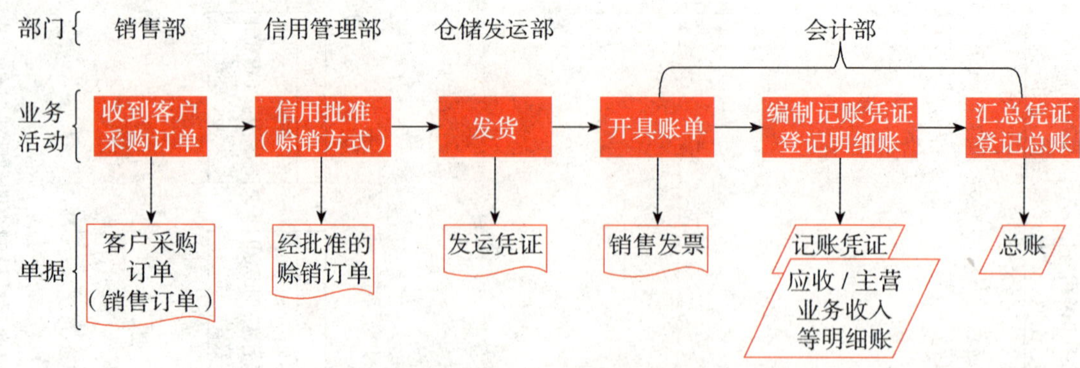


图5-1　销售业务活动流程图

表5-2 **销售业务活动及相关单据表**

| 业务活动 | 涉及单据 |
| --- | --- |
| 收到客户采购订单——销售流程的起点 | 客户采购订单——应包含客户名称、客户地址、所订货物或劳务名称及描述、发货日期等信息 |
| 信用批准——如为赊销，需进行信用批准，以降低坏账风险；如为现销，则跳过此环节直接发货。首先，信用管理部应根据本公司的赊销政策和各个赊销客户的资信情况，确定每个核销客户的信用额度，比如对信用等级为A的客户，授信50万元；对信用等级为B的客户，授信10万元；对信用等级为C的客户，无信用额度，只允许现销；然后，每次发货前，应从授信额度（10万元）中减掉该客户应收账款余额（8万元），再将信用余额（2万元）与销售订单上的金额（5万元）相比较，如前者大于后者，说明未超出信用额度，可以发货；否则，不发货，或批准的发货金额不得超过信用余额（2万元） | 经批准的赊销订单（赊销）或客户采购订单（现销）——无论是否批准赊销，都应在客户采购订单上签署意见，只有赊销被批准，才能发货 |
| 发货——很多情况下，会计准则要求货物已移送或劳务已提供后才确认收入，所以，发货对收入确认至关重要 | 发运凭证——在发运货物时编制，用于反映货物名称、描述、发运数量及其他信息的凭证。发运凭证连续编号，一式多联，一联给客户，其余联由企业保留；该凭证可用作向客户开具账单的依据。发货凭证通常只显示数量不显示金额 |
| 开具账单——开具并向客户寄送事先连续编号的销售发票。开具账单时，应根据已发运的货物数量和已授权的商品价目表填制 | 销售发票——连续编号，是一种用来表明已销售商品的名称、描述、数量、价格、销售金额、运费和保险费、开票日期等内容的凭证。销售发票也是在会计账簿中登记销售交易的基本凭据。销售发票的一联寄送给客户，其余联由企业保留。增值税专用发票一式四联：第一联(存根联),销售单位留存备查；第二联(发票联),购货单位记账；第三联(抵扣联),购货单位抵扣税款；第四联（记账联），销售单位记账。所以开出增值税专用发票后，第二联和第四联应寄送客户 |
| 编制记账凭证，登记明细账——确认收入借记应收账款，贷记营业收入和应交税费——应交增值税（销项税额）；注意每一笔销售都应单独或合并记录 | 应收账款明细账——用来记录每个客户各项赊销、还款、销售退回与折让的明细账。各应收账款明细账的余额合计数应与应收账款总账的余额相等。销售增加的是应收账款借方发生额<br>主营业务收入明细账——用来记录销售交易的明细账。通常记载不同类别商品或服务的营业收入的明细发生情况和总额。销售增加的是主营业务收入贷方发生额<br>应交税费——应交增值税明细账——孔夫子公司销售与收款循环只涉及一个三级明细账户——销项税额 |
| 汇总凭证，登记总账——定期（5天、10天或15天，依业务量的多少而定）使用T形账户汇总记账凭证，编制科目汇总表，并登记相应总账 | 总账——主要包括营业收入总账、应收账款总账、应交税费总账等 |

思考：销售会计编制记账凭证时需要获得哪些原始单据？

提示：会计入账作为各流程的末端环节，其需要的单据其实就是前面各个业务活动所形成的单据，就销售流程来讲，即著名的“三单”：经批准的赊销订单（赊销）或客户采购订单（现销）、发货凭证及销售发票。

思考：发运凭证就是出库单吗？

提示：有些企业规模大，除设置仓库外，还设置自己的运输部门，这时仓库出库单和发运凭证是不一样的，仓库出库单是指只要从仓库出去，不管是内部生产使用还是销售出库，都要填制，这样可以用来明确仓库的责任。发运凭证是运输部门填制的，用来明确运输部门的责任。大企业这样设置其实就是在内部控制中多了一道环节，业务分工更专业化。规模小的企业，除仓库外没有运输部门，这时出库单往往与发运凭证重合（特别是在销售时），但是因为企业规模小，只要流程、程序、权限、联次等设计得好，也是没有问题的。

## 四、收款业务活动及相关单据

收款业务活动及相关单据见图5-2和表5-3。

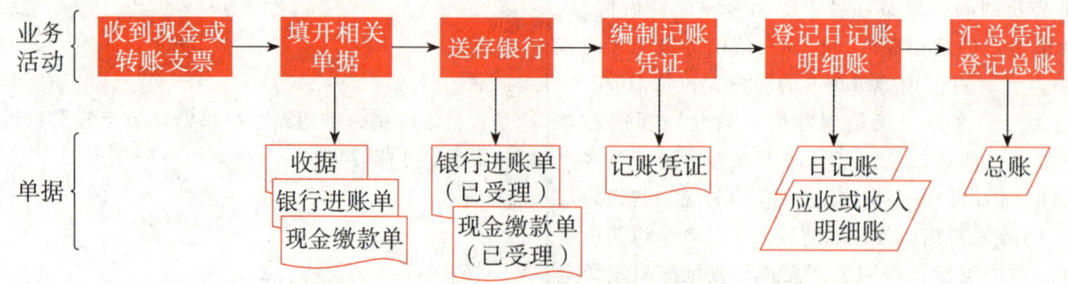


图5-2 收款业务活动流程图

表5-3

收款业务活动及相关单据表

<table>
<tr><th>业务活动</th><th>涉及单据</th></tr>
<tr><td colspan="2">收到现金或转账支票——企业间结算方式多种多样，如银行本票、银行汇票、商业汇票等，最常见的结算方式莫过于电汇和支票，同城使用支票，异地使用电汇。收到电汇单时直接以此作为入账依据，故本书对收款流程仅列举支票和现金两种方式。有关转账支票的说明同前</td></tr>
<tr><td>填开相关单据——收到现金应填开现金收据，因“日清月结”，每天对收到的现金还需要填写缴款单；对收到的转账支票，应填开银行进账单</td><td>收据——表明双方已发生货币交换的证明文件，表现为现金或实物的收付。一式三联，收据联交付款方，记账联交会计入账，存根联无需撕下，因收据连续编号，可由存根联检查其入账的完整性<br>现金缴款单——一式两联<br>银行进账单——一式三联</td></tr>
<tr><td>送存银行——每日末，将收到的现金连同已填写的缴款单、收到的转账支票和已填写的进账单一起送存银行，增加银行存款</td><td>现金缴款单（已受理）——银行受理后，第一联盖业务受讫章，退回企业入账；第二联银行留存<br>银行进账单（已受理）——银行受理后，第一联申请人回单，可凭此编制记账凭证；第二联银行记账；第三联收款通知，收到后粘贴于对应的记账凭证后作为附件</td></tr>
<tr><td>编制记账凭证——凭已填开的现金收据，直接编制记账凭证，借记库存现金，贷记应收账款或营业收入。凭已受理的缴款单（第一联），借记银行存款，贷记库存现金；凭已受理的进账单（第一联），借记银行存款，贷记应收账款或营业收入</td><td>记账凭证——对现金收据和已受理的进账单，编制收款凭证；对已受理的缴款单，编制付款凭证；孔夫子公司使用的是通用记账凭证</td></tr>
<tr><td>登记日记账、明细账——日记账指库存现金日记账、银行存款日记账，库存现金日记账按币种开设，银行存款日记账按账户开设；这里的明细账主要指应收账款、营业收入和应交税费——应交增值税明细账</td><td>库存现金日记账——用来逐日反映库存现金的收入、付出及结余情况的特种日记账，由单位出纳根据审核无误的库存现金收、付款凭证和从银行提现的银付凭证逐笔进行登记的<br>银行存款日记账——专门用来记录银行存款收支业务的一种特种日记账。由出纳员根据审核后的银行存款收、付款凭证和现金缴款的现付凭证逐笔顺序登记的。孔夫子公司的销售与收款涉及的是银行存款借方发生额<br>应收账款明细账——收款涉及应收账款贷方发生额</td></tr>
<tr><td>汇总凭证，登记总账——同前</td><td>总账——包括库存现金、银行存款、应收账款、主营业务收入及应交税费等总账</td></tr>
</table>

## 五、销售退回与折让业务活动及相关单据

客户如果对商品不满意，销售企业一般都会同意接受退货，或给予一定的销售折让；企业已经确认销售收入的售出商品发生销售折让和销售退回，应当在发生当期冲减当期商品销售收入。

思考："薄利多销"的策略下，如购买5件，销售价格折扣10%；购买10件，折扣20%，属于销售折让吗？

提示：不属于。这属于商业折扣，通常作为促销的手段，目的是扩大销路，增加销量。一般直接按照扣除商业折扣后的金额确定销售商品收入金额。因此，商业折扣对企业的会计记录没有影响。

思考：为了鼓励客户在一定期限内早日偿还货款而给予客户的折扣优惠属于销售折让吗？

提示：属于销售折扣，也即现金折扣，一般表示为"2/10，1/20，n/30"等，2/10表示如果客户在10天内偿付货款，给予2%的折扣，其他类推。销售折扣应按扣除折扣前的金额确定销售商品收入金额，并计算增值税，现金折扣在实际发生时作为财务费用扣除。

销售退回与折让业务活动及相关单据见图5-3和表5-4。

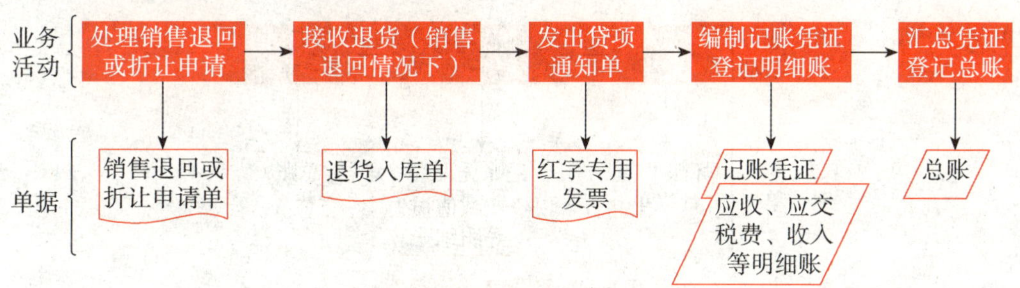


图5-3 销售退回与折让流程图

表5-4

销售退回与折让业务活动及相关单据表

| 业务活动 | 涉及单据 |
|---|---|
| 处理销售退回或折让申请——流程的起始环节，一般需得到销售人员或销售经理的批准同意，当然，贷项金额是双方协商的结果 | 销售退回或折让申请单——退货一般需要书面申请，销售折让则一般无需书面申请。Doc. No.11是孔夫子公司收到的来自江苏中吉的退货申请单，最后三栏空白，待孔夫子公司收到退回的货物时再手工填写：30、187.20和5 616.00，以便随后开具贷项通知单 |
| 接收退货（销售退回情况下）——企业已经确认收入，又发生销售退回的，不论是当年销售的，还是以前年度销售的，一般均应该冲减退回当月的销售收入，同时冲减退回当月的销售成本。如果属于资产负债表日后事项，应当作为资产负债表日后调整事项，调整报告年度的相关收入、成本等。例如，2010年12月份销售的货物于2011年3月15日退回，企业2010年度财务报告在2011年4月10日经批准对外报出，此笔退货属于日后事项，应红冲2010年的收入和成本，而2010年损益类科目在3月15日已结清和关闭，只能通过"以前年度损益调整"科目来调整。而如果此退货是财务报告日后比如6月12日退回，则直接红冲6月份的收入和成本 | 退货入库单——收到货物应填开连续编号的入库单，说明货物的名称、描述、数量和入库时间。在采购与付款循环中已详细介绍 |
| 发出贷项通知单——贷项通知单是一种用来表示由于销货退回或经批准的折让而引起的应收销货款减少的凭证。其作用类似于发票，其格式也通常与销售发票的格式相同，只不过它不是用来证明应收账款的增加，而是用来证明应收账款的减少。红字专用发票是贷项通知单的一种形式 | 红字专用发票——一式四联，与蓝字发票类似，只不过是用红字填开。发生退货情况下，一般由购货方填报"开具红字增值税专用发票申请单"，主管税务机关审核后出具"开具红字增值税专用发票通知单"。销售方凭此开具红字专用发票，之后还要将该笔业务的相应记账凭证复印件报送主管税务机关备案 |

续表

| 业务活动 | 涉及单据 |
| --- | --- |
| 编制记账凭证，登记明细账——应红字冲销，而不做相反分录。即借应收账款红字；贷营业收入或以前年度损益调整红字，贷应交税费红字；如为退货，还需借营业成本或以前年度损益调整红字；贷库存商品红字 | 应收账款明细账——销货退回红字冲减应收账款借方发生额<br>主营业务收入明细账——销货退回红字冲减主营业务收入贷方发生额<br>应交税费——应交增值税明细账——销售退回红字冲减应交增值税（销项税额） |
| 汇总凭证，登记总账——同前 | 总账——同前 |

## 六、计提坏账业务活动及相关单据

我国企业会计准则规定企业只能采用备抵法核算坏账损失，这就要求在销售实现的当期就预估确认一定比例的坏账，而不是等到坏账真正发生时再确认，这符合权责发生制及收入与费用配比原则。

计提坏账业务活动及相关单据见图5-4和表5-5。

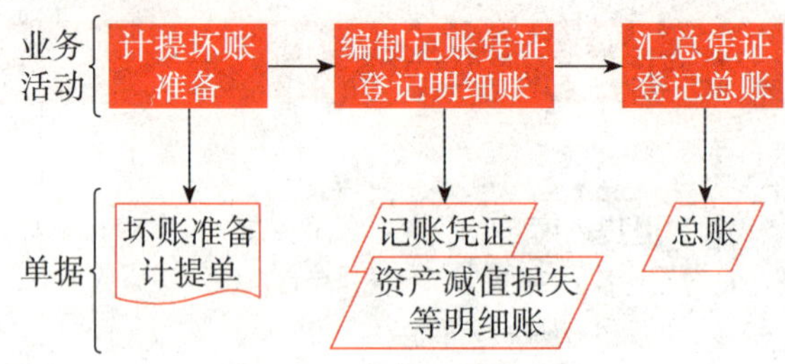


图5-4　计提坏账流程图

表5-5　计提坏账业务活动及相关单据表

| 业务活动 | 相关单据 |
| --- | --- |
| 计提坏账准备——估计坏账损失有三种方法可供选择，即年末余额百分比法、账龄分析法和销货百分比法。孔夫子公司使用年末余额百分比法 | 坏账准备计提单——载明时间、计提依据、百分率、金额等。不少公司计提坏账不附原始单据。如果采用账龄分析法计提坏账，则可以账龄分析表为基础，说明计算过程，作为原始单据 |
| 编制记账凭证，登记明细账——借记资产减值损失，贷记坏账准备；登记资产减值损失明细账。对坏账准备，孔夫子公司未设置明细账 | 资产减值损失明细账——按具体计提何种资产的减值损失设置明细账，如计提坏账准备、计提存货跌价准备、计提固定资产减值准备等 |
| 汇总凭证，登记总账——同前 | 总账——资产减值损失总账 |

思考：孔夫子公司采用应收账款余额5%计提坏账准备，“坏账准备”2013年11月30日贷方余额850元，12月份核销坏账1 200元，12月末应收账款借方余额205 340元，请问应计提多少坏账准备？

提示：应收账款年末余额，对应的坏账准备年末余额应为贷方10 267元（205 340×5%），核销坏账后坏账准备余额为借方350元（1 200-850），故应计提坏账准备10 617元（10 267+350）。

## 七、注销坏账业务活动及相关单据

不管赊销部门的工作如何主动，当客户因经营不善、宣告破产、死亡等原因而不支付货款的事仍可能发生。企业若认为某项货款再也无法收回，就必须注销这笔货款。对这些坏账，正确的处理方法是获取货款无法收回的确凿证据，经适当审批后及时做会计调整。

注销坏账业务活动及相关单据见图5-5和表5-6。

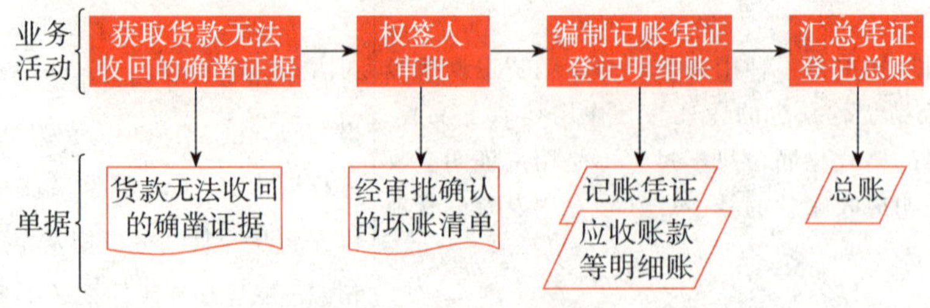


图5-5　注销坏账流程图

表5-6 注销坏账业务活动及相关单据表

| 业务活动 | 相关单据 |
| --- | --- |
| 获取货款无法收回的确凿证据——通常由货款催收部门获取 | 货款无法收回的确凿证据——法院的破产公告和破产清算的清偿文件；工商部门的注销、吊销证明；公安等有关部门的死亡、失踪证明等 |
| 权签人审批——权签人一般指信用管理部经理 | 经审批确认的坏账清单——无法收回的应收账款清单，经信用管理部经理签字确认 |
| 编制记账凭证，登记明细账——注销坏账，应借记坏账准备，贷记应收账款 | 应收账款明细账——注销坏账，应贷记应收账款 |
| 汇总凭证，登记总账——同前 | 总账——涉及应收账款总账和坏账准备总账 |

## 八、内部控制

销售与收款业务循环的内部控制如下：

1.充分的凭证和记录

在销售、销售退回与折让、收款子流程中使用的有些原始单据应连续编号，例如，发运凭证事先连续编号，为的是控制对所有发运货物都开具账单。同样，销售发票事先编号的目的是控制所有开出的销售发票均要入账。

2.授权批准

在销售与收款业务循环中，至少存在四个需授权批准的环节：赊销的信用批准；开具账单时所需价目表的审批；销售退回与折让申请的批准；坏账核销的审批等。每一个都应该通过在单据上签字来确认。

3.财产物资保管与记录岗位的分离

发运货物、收取现金或支票的人员不得兼任会计。若不相容职务未分离，将大大滋生舞弊风险。

4.独立稽核

内部稽核可以从以下几个方面着手：

（1）如果对凭证的编号不作清点，预先编号就会失去控制意义。故定期清点已按顺序归档的全部发运凭证的编号，并调查凭证缺号原因，确保所有发货均已开具账单。

（2）定期清点所开发票的编号，看其是否入账，确保所开发票均已入账。

（3）将已开发票上的单价与经批准的价目表相比较。

（4）检查原始凭证和记账凭证上的签名。

（5）比较应收账款总账和明细账，看余额是否一致。

（6）编制银行存款余额调节表，银行存款余额调节表是最重要的会计控制之一。

5.按月寄出客户对账单

和客户定期对账，能促使客户在发现应付账款余额不正确后及时反馈有关信息。

为了更好地理解本章内容，图5-6展示了孔夫子公司2013年11月份销售与收款循环所涉及的单据和会计记录。由于应收账款、坏账准备、主营业务收入借贷发生额一般只与销售与收款循环相关，故本循环核算完毕后，此三个账户的总账、明细账与表1-8试算平衡表发生额应一致。本循环另外还涉及银行存款或库存现金的借方发生额和应交税费——应交增值税贷方发生额，但这些科目同时也涉及其他循环，故核对其明细账、总账和试算平衡表三者是否一致时需同时考虑多个循环。

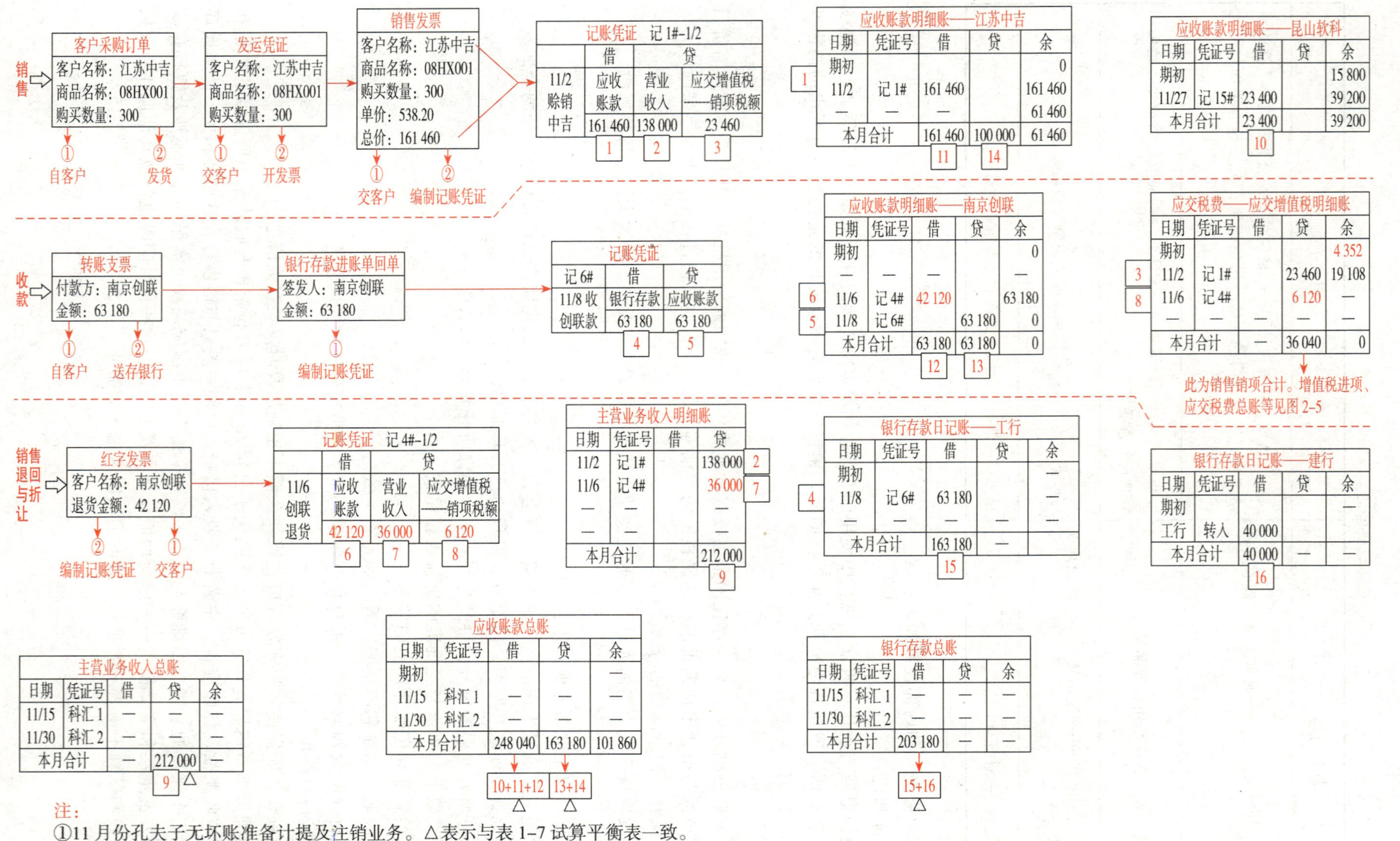


注：

①11 月份孔夫子无坏账准备计提及注销业务。△表示与表 1-7 试算平衡表一致。

②11 月只有 3 个应收账款明细账有发生额，借方发生额合计 248 040 元，贷方发生额合计 163 180 元，与应收账款总账发生额一致，也与表 1-7 试算平衡表上发生额一致。

③工行 11 月借方发生额等于应收账款总账贷方发生额 163 180 元，说明所有收款均为销售收款，建行 40 000 元系工行转入。银行存款有两个账户，11 月借方发生额合计 203 180 元，与银行存款总账借方发生额一致，也与表 1-7 试算平衡表上借方发生额一致，但由于还涉及支付业务，故余额无法与试算平衡表一致。

④主营业务收入明细账合计数与总账一致，也与表 1-7 试算平衡表一致。

⑤应交税费——应交增值税在销售收款循环只有销项税额明细账发生额，进项税额、其他应交税费明细账发生额与应交税费总账和试算平衡表之间的关系等见图 2-5。

图 5-6 销售收款业务循环常见业务、单据和会计记录图

# 第六章 报表编制

## 一、利润表

"本期金额"栏内各项数字，根据以下方法填列：

（1）"营业收入"项目，反映企业经营业务所取得的收入总额。"营业收入"项目＝"主营业务收入"科目发生额＋"其他业务收入"科目发生额，孔夫子公司2013年11月未发生任何其他业务，从主营业务收入总账或明细账贷方本月合计可得营业收入为212 000元。

（2）"营业成本"项目，反映企业经营业务发生的实际成本。"营业成本"项目＝"主营业务成本"科目发生额＋"其他业务成本"科目发生额。从孔夫子公司主营业务成本总账或明细账借方本月合计可得11月份营业成本为145 400元。

（3）"营业税金及附加"项目，反映企业经营主要业务应负担的营业税、消费税、城市维护建设税和教育费附加等。"营业税金及附加"项目＝"营业税金及附加"科目发生额，即孔夫子公司营业税金及附加账户11月份借方本月合计数为814.3元。

（4）"销售费用"项目，反映企业在销售商品和商品流通企业在购入商品等过程中发生的费用。"销售费用"项目＝"销售费用"科目发生额，即孔夫子公司销售费用总账或明细账11月份借方本月合计数为7 135元。

（5）"管理费用"项目，反映企业发生的管理费用。"管理费用"项目＝"管理费用"科目发生额，即孔夫子公司管理费用总账或明细账11月份借方本月合计数为38 385.75元。

（6）"财务费用"项目，反映企业发生的财务费用。"财务费用"项目＝"财务费用"科目发生额，即孔夫子公司财务费用总账或明细账11月份借方本月合计数为25元。

（7）"投资收益"项目，反映企业以各种方式对外投资所取得的收益。"投资收益"项目＝"投资收益"科目发生额。如为投资损失，以"－"号填列。孔夫子公司2013年11月份未取得投资收益。

（8）"营业外收入"项目和"营业外支出"项目，反映企业发生的与其生产经营无直接关系的各项收入和支出。"营业外收入"项目＝"营业外收入"科目发生额，"营业外支出"项目＝"营业外支出"科目发生额，孔夫子公司2013年11月份未发生营业外收支。

（9）"利润总额"项目，反映企业实现的利润总额。如为亏损总额，以"－"号填列。加总上述项目后，孔夫子公司2013年11月份利润总额为20 239.95元。

（10）"所得税费用"项目，反映企业按规定从本期损益中减去的所得税。"所得税费用"项目＝"所得税费用"科目发生额。由于所得税是季度预缴、年终汇算清缴，孔夫子公司规模小，按实际发生数入账，故11月份此项为0。

（11）"净利润"项目，反映企业实现的净利润。如为净亏损，以"－"号填列。

## 二、资产负债表

（一）根据总账余额直接填列

（1）资产类项目有：应收票据、固定资产清理（如该账户出现贷方余额应以"－"号填列）等。

（2）负债类项目有：短期借款、应付票据、应付职工薪酬（如该账户出现借方余额，应以"－"号填列）、应交税费（如该账户出现借方余额，应以"－"号填列）、其他应付款、长期借款等。

（3）所有者权益类项目有：实收资本、资本公积、盈余公积等。

（二）根据总账余额计算填列

（1）资产类的货币资金项目，根据"库存现金"、"银行存款"、"其他货币资金"的期末余额合计填列。对孔夫子公司而言，即库存现金和银行存款总账11月末余额合计224 432.85元。

（2）资产类的存货项目，根据“材料采购”、“原材料”、“低值易耗品”、“自制半成品”、“库存商品”、“包装物”、“分期收款发出商品”、“委托加工物资”、“委托代销商品”、“生产成本”等账户的余额合计，减去“代销商品款”、“存货跌价准备”期末余额后的金额填列。

（3）资产类的固定资产项目，根据“固定资产”账户的借方余额减去“累计折旧”和“固定资产减值准备”账户的贷方余额后的净额填列。孔夫子公司存货较为简单，只需按库存商品总账11月末余额279 000元填列即可。

（4）所有者权益类的未分配利润项目，在月（季）报中，根据“本年利润”和“未分配利润”总账余额计算填列（如该账户出现借方余额，应以“-”号填列）。

（三）根据明细账余额分析计算填列

（1）“应收账款”项目，应根据“应收账款”和“预收账款”所属明细账户的期末借方余额合计数，减去“坏账准备”账户中有关应收账款计提的坏账准备期末余额后的金额填列。

（2）“预付款项”项目，应根据“预付账款”和“应付账款”所属明细账户的期末借方余额合计数，减去“坏账准备”账户中有关预付款项计提的坏账准备期末余额后的金额填列。

（3）“应付账款”项目，应根据“应付账款”和“预付账款”所属明细账户的期末贷方余额合计数填列。

（4）“预收款项”项目，应根据“预收账款”和“应收账款”所属明细账户的期末贷方余额合计数填列。

思考：“应收账款”项目为什么不直接依据应收账款总账余额减去“坏账准备”账户中有关应收账款计提的坏账准备期末余额后的金额填列？

提示：首先，要搞清楚应收账款明细账贷方余额的含义。应收账款明细账余额一般在借方，表示发货应收客户的钱，但如果客户多付钱了，就会形成贷方余额，表示多收的钱，等同于预收账款，归为负债类。同样，预收账款明细账余额一般在贷方，表示预收客户的钱，但如果发货发多了，就会形成借方余额，表示应收客户的钱，等同于应收账款，归为资产类。其次，要明白资产负债项目不同于账户，它们具有明确的资产或负债性质。应收账款账户余额既可以在借方，表示债权；也可以在贷方，表示债务。但应收账款项目只有一种性质，那就是债权。所以，表示由于销售形成的两个科目——应收账款和预收账款应该打通来，明细账借方余额都表示销售形成的债权，其合计数形成资产负债表中的“应收账款”项目；而明细账贷方余额表示销售形成的债务，其合计数形成资产负债表中的“预收账款”项目。最后，还要明白，坏账准备是仅对债权计提的，故计提也应按此两科目明细账借方余额合计数计提。此外，由于资产负债表中应收账款按净值填列，故应根据“应收账款”和“预收账款”所属明细账户的期末借方余额合计数，减去应计提的坏账准备后的金额填列。以此类推，预付账款和应付账款都是采购业务使用的两个科目，这两个科目应该打通来，明细账借方余额都表示债权，在计提相应的坏账准备后，作为“预付款项”项目金额填列；而明细账贷方余额都表示债务，合计数作为“应付账款”项目金额填列。孔夫子公司业务简单，应收账款明细账余额均在借方，也没有任何预收账款余额，故可以直接按应收账款总账余额减去坏账准备余额后的金额填列，即101 010元。

（四）根据总账和明细账余额分析计算填列

资产负债表上某些项目不能根据有关总账期末余额直接或计算填列，也不能根据其所属明细账期末余额计算填列，需要根据总账和明细账余额分析计算填列，如“长期借款”项目，根据“长期借款”总账余额扣除“长期借款”所属明细账反映的将于一年内到期的长期借款部分分析计算填列。孔夫子公司不涉及这些项目。

## 三、现金流量表

现金流量表是继资产负债表和利润表之后第三张主要的报表。资产负债表和利润表以权责发生制为基础，大量运用了应计、摊销、递延和分配程序，使得净资产和净利润信息中含有大量主观估计，同时由于它们没有反映企业的现金流量情况，这在一定程度上影响了报表使用者对于企业财务状况的准确判断和预测。例如，一个企业的利润表显示利润很高，但它也许没有足够的现金去偿还到期债务、支付利息和股利。这对于许多没有财务会计背景的企业高层管理者来说很难理解。企业有这么多的利润，怎么会没有现金偿还到期债务呢？正是由于资产负债表和利润表存在这样的问题，所以，现金流量表就应运而生。

现金流量表是以收付实现制为原则，反映企业一定会计期间现金及现金等价物流入与流出的报表。现金是指企业的库存现金以及可以随时用于支付的存款，一般包括"库存现金"、"银行存款"、"其他货币资金"，但银行存款和其他货币资金中有些不能随时用于支付的存款，如不能随时支取的定期存款等，不应作为现金，而应列作投资，提前通知金融企业便可支取的定期存款，则应包括在现金范围内。现金等价物是指企业持有的期限短、流动性强、易于转换为已知金额现金、价值变动风险很小的投资。比如3个月内到期或清偿的短期债券等。权益性投资因价值变动大，故不属于现金等价物。

思考：交易性金融资产属于现金等价物吗？

提示：不属于，交易性金融资产中，只有3个月以内的短期债券才属于现金等价物，超过3个月的短期债券、3个月以内与超过3个月的短期股票投资均不属于现金等价物，应列作投资。现金来源和使用的种类如图6-1所示。

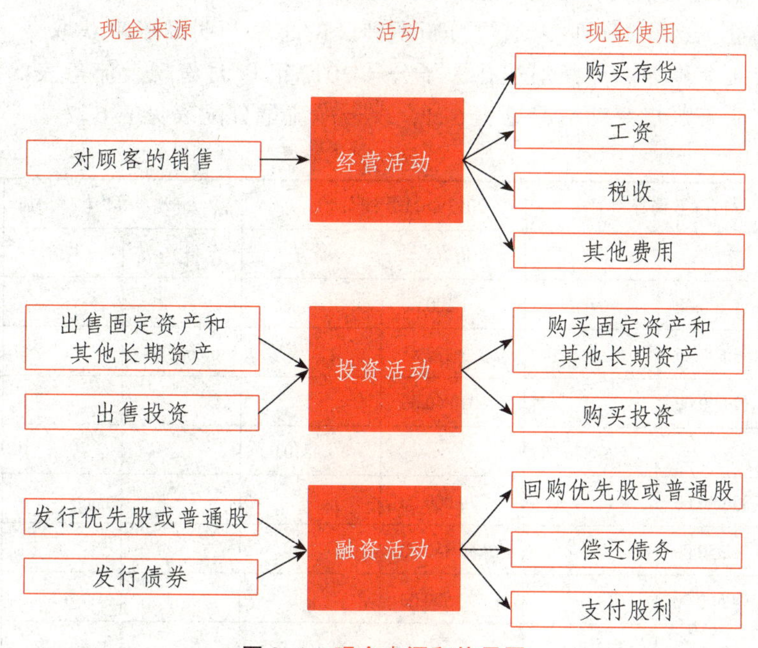


图6-1　现金来源和使用图

（一）现金流的分类

现金流量表把现金流的流入（来源）和现金流的流出（使用）归为三种活动：经营活动、投资活动、筹资活动。

（1）经营活动现金流是企业正常经营活动产生的现金流量，主营业务是这一分类的主要构成。主营业务突出、收入稳定是企业运营良好的重要标志，所以这一指标可以说是企业的脊梁。现金流入包括销售商品、提供劳务收到的现金；现金流出包括对工资、商品、劳务和税费的支付。

（2）投资活动是指企业长期资产的构建和不包括在现金等价物范围内的投资及其处置活动。现金流入包括销售长期资产和有价证券收到的现金；现金流出包括为购买固定资产和有价证券支付的现金。

（3）筹资活动是指从所有者或债权人那里取得或偿还现金。现金流入是指从股票发行市场和借款者那里取得的现金；现金流出是指偿还贷款和对所有者的支付，包括支付现金股利。

（二）直接法和间接法

编制现金流量表时，列报经营活动现金流量的方法有两种：直接法和间接法。注意：直接法和间接法只是列报经营活动现金流量的方法不同，列报投资和筹资活动现金流量的方式是相同的，且两种方法得到的经营活动现金净流量是相等的。

间接法相对来讲简便易编，以利润表中的净利润为起算点，一步一步还原为经营活动现金流量，实际上就是将按权责发生制原则确定的净利润调整为现金净流入，并剔除投资活动和筹资活动对现金流量的影响。本章接下来的部分主要讨论间接法。

（三）现金流量表的编制

我们知道，现金流量表以收付实现制为原则，且是在其他三张财务报表(资产负债表、利润表、所有者权益变动表)的基础上编制的。但其他三张报表却是以权责发生制为原则编制的，故编制过程中需要从权责发生制转化为收付实现制。例如，如果权责发生制下的销售额为200美元，当期应收账款增加了15美元，那么本次销售中收到的现金为185美元。

除了年末试算平衡表之外，编制现金流量表还需要以下两项信息：

（1）期初结账后的试算平衡表。

（2）资产负债表上所有账户（不论是否与经营活动相关）的增减变化。例如，编制现金流量表不仅仅需要知道应收、应付等流动资产的净变化，还需要知道购买或处置固定资产方面的资料，因为应收、应付增减变动虽大部分与经营活动有关，但也可能由固定资产的购买和处置所致，前者属经营活动现金流量，后者属投资活动现金流量。这些资料可以通过分析所涉及的总账和明细账来获取。

编制现金流量表有几个步骤。下面阐述孔夫子公司2013年11月份现金流量表的编制过程。

孔夫子公司资产负债表账户变动情况见表6-1，现金净流量分配表见表6-2。

表6-1

资产负债表账户变动情况

| 会计科目 | | 2013年10月31日 | | 2013年11月30日 | | 现金和现金等价物净增加 | | 所有其他账户的变化 | |
|---|---|---|---|---|---|---|---|---|---|
| | | 借方 | 贷方 | 借方 | 贷方 | 借方 | 贷方 | 借方 | 贷方 |
| 1001 | 库存现金 | 1 200.00 | | 1 200.00 | | | | | |
| 1002 | 银行存款 | 156 597.85 | | 223 232.85 | | 66 635.00 | | | |
| 1122 | 应收账款 | 17 000.00 | | 101 860.00 | | | | 84 860.00 | |
| 1231 | 坏账准备 | | 850.00 | | 850.00 | | | | |
| 1405 | 库存商品 | 285 900.00 | | 279 000.00 | | | | | 6 900.00 |
| 1503 | 可供出售金融资产 | 56 350.00 | | 56 350.00 | | | | | |
| 1601 | 固定资产 | 1 394 500.00 | | 1 394 500.00 | | | | | |
| 1602 | 累计折旧 | | 528 700.00 | | 534 793.75 | | | | 6 093.75 |
| 2202 | 应付账款 | | 0 | | 104 949.00 | | | | 104 949.00 |
| 2211 | 应付职工薪酬 | | 10 879.00 | | 10 879.00 | | | | |
| 2221 | 应交税费 | | 4 052.15 | | 9 260.15 | | | | 13 312.30 |
| 2241 | 其他应付款 | | 5 819.00 | | 5 819.00 | | | | |
| 4001 | 实收资本 | | 500 000.00 | | 500 000.00 | | | | |
| 4002 | 资本公积 | | 89 700.00 | | 89 700.00 | | | | |
| 4101 | 盈余公积 | | 135 980.00 | | 135 980.00 | | | | |
| 4103 | 本年利润 | | 116 232.25 | | 116 232.25 | | | | |
| 4104 | 利润分配 | | 527 439.75 | | 527 439.75 | | | | |
| | 净利润 | | | | 20 239.95 | | | | 20 239.95 |
| | 合计 | 1 911 547.85 | 1 911 547.85 | 2 056 142.85 | 2 056 142.85 | 66 635.00 | 0 | 84 860.00 | 151 495.00 |

表6-2 现金净流量分配表

| 会计科目 | | 非现金账户变动 | 经营活动产生的现金流量 | 投资活动产生的现金流量 | 筹资活动产生的现金流量 |
|---|---|---|---|---|---|
| 1001 | 库存现金 | | | | |
| 1002 | 银行存款 | | | | |
| 1122 | 应收账款 | 84 860.00 | 84 860.00 | | |
| 1231 | 坏账准备 | | | | |
| 1405 | 库存商品 | 6 900.00 | 6 900.00 | | |
| 1601 | 固定资产 | | | | |
| 1602 | 累计折旧 | 6 093.75 | 6 093.75 | | |
| 2202 | 应付账款 | 104 949.00 | 104 949.00 | | |
| 2211 | 应付职工薪酬 | | | | |
| 2221 | 应交税费 | 13 312.30 | 13 312.30 | | |
| | 净利润 | 20 239.95 | 20 239.95 | | |
| | 合计 | 66 635.00 | 66 635.00 | | |

表6-1包含了2013年11月30日期末资产负债表中所有账户的试算平衡表、2013年11月的净利润、2013年10月31日结账后的试算平衡表。首先利用表6-1计算出现金净流量，然后利用表6-2将现金净流量分配至经营活动、投资活动、筹资活动，最后在表6-2的基础上编制2013年11月份现金流量表（见表6-3和表6-4）。本书表1-3列示了孔夫子公司2013年10月和11月现金流量的比较，其中，只有2013年11月的现金流量表是利用表6-1和表6-2来编制的。

下面是具体编制现金流量表的步骤：

1.确定现金及现金等价物账户的净变化

将每一个现金及现金等价物现金及现金等价物账户的期末值减期初值得其变化值，再将变化值加总，便是现金净流量。表6-1中孔夫子公司只有“库存现金”和“银行存款”两项现金账户。现金和现金等价物一栏中借方表示现金增加了66 635.00元。

2.确定所有其他账户的净变化

这一步虽然简单机械，但是必须小心地判定其变化是借方还是贷方。例如，一项资产的增加是借方，然而一项负债的增加是贷方。这些变化加总应该与现金及现金等价物的净变化值相等。见表6-1，其他账户净变化贷方金额超过借方金额为66 635.00元（151 495.00-84 860.00），与现金净流量相一致。

3.确定经营活动产生的现金流量

间接法的基本原理是假设净利润等于经营活动现金流量，故以净利润为起点，首先剔除非经营活动所产生的利润，然后加减只影响净利润而不影响经营活动现金流量的项目和只影响经营活动现金流量而不影响净利润的项目。孔夫子公司以权责发生制为基础的净利润为20 239.95元，列示在表6-2中“经营活动产生的现金流量”一栏，这是从第一章中的试算平衡表中得来的，也列示在表1-1利润表上。

为了计算经营活动现金流量，在净利润的基础上，必须调整以下三个项目：

（1）非经营活动即投资或筹资活动产生的净利润。最普遍的例子是出售固定资产或投资所带来的损益，表现为营业外收支和投资收益，影响了净利润，但却属于投资活动，故应在净利润的基础上调整。孔夫子公司没有这样的项目。

（2）与利润有关但与现金无关的项目。最普遍的例子是固定资产折旧，还有无形资产摊销、长期待摊费用摊销、计提的资产减值准备等，由于这些项目导致了净利润的减少，但并不涉及现金，所以必须在净利润基础上调增。对于孔夫子公司来说，固定资产折旧费用是6 093.75元，虽然在利润表上并不能直接得到，但可以通过翻阅分析相关费用类明细账得到，另外也体现为表6-1中的累计折旧净增加。

（3）调整属经营活动的所有非现金流动资产/负债的变化。5项流动资产，即存货和经营性应收项目（包括应收票据、应收账款、预付账款、其他应收款）和6项流动负债（应付票据、应付账款、预收账款、应付职工薪酬、其他应付款、应交税费，也称经营性应付项目）是既与经营活动相关又体现了权责发生制的主要账户，故需要进行调整。以应收票据、应收账款为例，其对应科目一般是经营性收入，经营性收入已经增加了净利润，但实际上并没有收到现金，所以必须在净利润基础上调减，反之亦然。

为了更好地理解上述调整项目，假设用权责发生制计量的销售额为100美元，期初应收账款是10美元，期末应收账款是15美元。公司比收到的现金多计了5美元的收入，因此，现金收入一定为95美元。用间接法编制现金流量表时，对于应收账款净增加5美元，相应调减净收入5美元。在以上5项流动资产增加或者6项流动负债减少时，都应在净利润基础上作等量金额的调减。在以上5项流动资产减少或者6项流动负债增加时，都应在净利润基础上作等量金额的调增。但同时必须注意到，上述经营性应收、应付项目中，如果有因非经营活动而产生的，比如转让固定资产收到的应收票据，或购置固定资产产生的应付账款等，则必须剔除。也就是说，如果经营性应收、应付项目增减变动时，所对应科目如果既不是损益类也不是现金或现金等价物的话，应该扣除。

以孔夫子公司为例，表6-2列示了上述调整事项，注意，除了折旧外，“经营活动产生的现金流量”一栏中对净利润的所有调整都来自于存货和经营性项目的调整。

表6-2表明，虽然净利润只有20 239.95元，但孔夫子公司的现金流量为66 635.00元。主要是因为应付账款增加104 949.00元，应交税费增加13 312.30元，折旧增加6 093.75元和存货减少6 900元。

4.确定投资活动产生的现金流量

大多数公司主要的投资活动是固定资产的购买和处置、投资的购买和出售。确定这些变动的最好方法是分析其分类账。例如，分析所有固定资产和投资账户来确定其增减变化。

确定了每一个账户的增减变动后，有必要分析其对现金流量的影响。例如，当月共购进固定资产50 000元，银行存款支付10 000元，赊账40 000元。固定资产账户增加50 000元和应付账款账户增加40 000元均属于投资活动产生的现金流量，前者流出、后者流入，相抵后净额10 000元应列示为投资活动产生的现金流量。表6-2表明孔夫子公司没有投资活动方面的现金流入或流出。

5.确定筹资活动产生的现金流量

大多数公司主要的筹资活动是贷款和偿还负债、股利的支付、发行和回购权益工具，如普通股。同样，需要分析与筹资活动有关的账户。

表6-2显示2013年孔夫子公司没有筹资活动方面的现金流入或流出。

6.编制现金流量表

对于孔夫子公司来说，依据表6-2可编制现金流量表（见表6-3）。表1-3是一张用间接法编制的现金流量比较表。11月的数字来自于表6-2的信息。

（四）现金流量表——直接法

不管是用直接法还是间接法编制现金流量表，其使用的信息是相同的，唯一不同的是如何使用这些信息。

表6-4是用直接法编制的孔夫子公司现金流量表。注意，表的格式（投资活动产生的现金流量，筹资活动产生的现金流量和现金及现金等价物净增加额）和表6-3一样。唯一不同的是经营活动产生的现金流量明细项。

用直接法编制现金流量表一般以利润表中的营业收入为起点，调整有关项目的增减变动，计算现金流量。孔夫子公司利润表见表1-1。

表 6-3 孔夫子公司现金流量表(间接法)

| 项目 | 行次 | 金额 |
| --- | --- | --- |
| 一、将净利润调节为经营活动现金流量 | | |
| 净利润 | 1 | 20 239.95 |
| 计提的资产减值准备 | 2 | |
| 固定资产折旧 | 3 | 6 093.75 |
| 存货的减少 | 4 | 6 900 |
| 经营性应收项目的减少 | 5 | -84 860 |
| 经营性应付项目的增加 | 6 | 118 261.3 |
| 经营活动产生的现金流量净额 | 7 | 66 635.00 |
| 二、投资活动产生的现金流量（具体项略） | 8 | 0 |
| 三、筹资活动产生的现金流量（具体项略） | 9 | 0 |
| 四、汇率变动对现金的影响（具体项略） | 10 | 0 |
| 五、现金及现金等价物净增加额 | 11 | 66 635.00 |

表 6-4 孔夫子现金流量表(直接法)

| 项目 | 行次 | 金额 |
| --- | --- | --- |
| 一、经营活动产生的现金流量 | | |
| 销售商品、提供劳务收到的现金 | 1 | 163 180.00 |
| 收到的税费返还 | 2 | |
| 收到其他与经营活动有关的现金 | 3 | |
| 现金流入小计 | 4 | 163 180.00 |
| 购买商品、接受劳务支付的现金 | 5 | 57 096.00 |
| 支付给职工以及为职工支付的现金 | 6 | 39 076.00 |
| 支付的各项税费 | 7 | |
| 支付其他与经营活动有关的现金 | 8 | 373.00 |
| 现金流出小计 | 9 | 96 545.00 |
| 经营活动产生的现金流量净额 | 10 | 66 635.00 |
| 二、投资活动产生的现金流量（具体项略） | 11 | 0 |
| 三、筹资活动产生的现金流量（具体项略） | 12 | 0 |
| 四、汇率变动对现金的影响（具体项略） | 13 | 0 |
| 五、现金及现金等价物净增加额 | 14 | 66 635.00 |

下面列举三个例子解释这些调整。

（1）销售商品、提供劳务收到的现金=营业收入×1.17-应收账款的增加-坏账损失=（212 000×1.17）-84 860-0＝163 180（元）。

发生的坏账损失必须要扣除。因为核销坏账损失时，“应收账款”贷方对应“坏账准备”科目,因不产生现金流量应予扣除。

（2）购买商品、接受劳务支付的现金=（营业成本－存货的减少）×1.17−应付账款的增加=（145 400−6 900）×1.17−104 949=57 096（元）。

（3）支付给职工以及为职工支付的现金=16 698+22 078.15+299.85=39 076（元）。

其实，对孔夫子公司这样的企业，其业务简单，又不存在现金等价物，使用直接法编制现金流量表时，一个非常简便易行的办法是：从库存现金、银行存款明细账中根据对应科目直接取数并分析填列，当然要先剔除虚增的流量，比如存现、提现、银行账户间转账等。现将孔夫子公司11月份的银行存款和库存现金日记账列示如下：

## 银行存款日记账——建设银行

| 2013年月 | 日 | 凭证字 | 号数 | 摘要 | 对方科目 | 借方（千百十万千百十元角分） | 贷方（千百十万千百十元角分） | 余额（千百十万千百十元角分） | √ |
|---|---|---|---|---|---|---|---|---|---|
| 10 | 31 | | | 本月合计 | | | 3532000 | 1468000 | |
| 11 | 8 | 记 | 5# | 转账 | 银行存款 | 4000000 | | 5468000 | |
| 11 | 10 | 记 | 7# | 交10月个税 | 应交税费 | | 29985 | 5438015 | |
| 11 | 16 | 记 | 10# | 交10月社保 | 应付职工薪酬/其他应付款 | | 1062600 | 4375415 | |
| 11 | 16 | 记 | 11# | 交10月住房公积金 | 应付职工薪酬/其他应付款 | | 607200 | 3768215 | |
| 11 | 30 | | | 本月合计 | | 4000000 | 1699785 | 3768215 | |

## 银行存款日记账——工商银行

| 2013年月 | 日 | 凭证字 | 号数 | 摘要 | 对方科目 | 借方（千百十万千百十元角分） | 贷方（千百十万千百十元角分） | 余额（千百十万千百十元角分） | √ |
|---|---|---|---|---|---|---|---|---|---|
| 10 | 31 | | | 本月合计 | | 15444000 | 34502215 | 14191785 | |
| 11 | 8 | 记 | 6# | 销售收款 | 应收账款 | 6318000 | | 20509785 | |
| 11 | 8 | 记 | 5# | 转账 | 银行存款 | | 4000000 | 16509785 | |
| 11 | 13 | 记 | 8# | 销售收款 | 应收账款 | 10000000 | | 26509785 | |
| 11 | 14 | 记 | 9# | 银行手续费 | 财务费用 | | 1500 | 26508285 | |
| 11 | 21 | 记 | 13# | 支付电话费 | 管理费用 | | 34800 | 26473485 | |
| 11 | 21 | 记 | 12# | 银行手续费 | 财务费用 | | 1000 | 26472485 | |
| 11 | 26 | 记 | 14# | 采购付款 | 应付账款 | | 5709600 | 20762885 | |
| 11 | 30 | 记 | 20# | 提现 | 库存现金 | | 2207815 | 18555070 | |
| 11 | 30 | | | 本月合计 | | 16318000 | 11954715 | 18555070 | |

## 库存现金日记账

| 2013年 | | 凭证 | | 摘 要 | 对方科目 | 借 方 | | | | | | | | | | 贷 方 | | | | | | | | | | 余 额 | | | | | | | | | | √ |
|---|---|---|---|---|---|---|---|---|---|---|---|---|---|---|---|---|---|---|---|---|---|---|---|---|---|---|---|---|---|---|---|---|---|---|---|---|
| 月 | 日 | 字 | 号数 | | | 千 | 百 | 十 | 万 | 千 | 百 | 十 | 元 | 角 | 分 | 千 | 百 | 十 | 万 | 千 | 百 | 十 | 元 | 角 | 分 | 千 | 百 | 十 | 万 | 千 | 百 | 十 | 元 | 角 | 分 | |
| 10 | 1 | | | 期初余额 | | | | | | | | | | | | | | | | | | | | | | | | | | 1 | 2 | 0 | 0 | 0 | 0 | |
| 10 | 31 | 记 | 略 | 提现 | 银行存款 | | | | 2 | 1 | 9 | 8 | 1 | 1 | 5 | | | | | | | | | | | | | | 2 | 3 | 1 | 8 | 1 | 1 | 5 | |
| 10 | 31 | 记 | 略 | 发放工资 | 应付职工薪酬 | | | | | | | | | | | | | | 2 | 1 | 9 | 8 | 1 | 1 | 5 | | | | | 1 | 2 | 0 | 0 | 0 | 0 | |
| 10 | 31 | | | 本月合计 | | | | | 2 | 1 | 9 | 8 | 1 | 1 | 5 | | | | 2 | 1 | 9 | 8 | 1 | 1 | 5 | | | | | 1 | 2 | 0 | 0 | 0 | 0 | |
| 11 | 30 | 记 | 20# | 提现 | 银行存款 | | | | 2 | 2 | 0 | 7 | 8 | 1 | 5 | | | | | | | | | | | | | | 2 | 3 | 2 | 7 | 8 | 1 | 5 | |
| 11 | 30 | 记 | 21# | 发放工资 | 应付职工薪酬 | | | | | | | | | | | | | | 2 | 2 | 0 | 7 | 8 | 1 | 5 | | | | | 1 | 2 | 0 | 0 | 0 | 0 | |
| 11 | 30 | | | 本月合计 | | | | | 2 | 2 | 0 | 7 | 8 | 1 | 5 | | | | 2 | 2 | 0 | 7 | 8 | 1 | 5 | | | | | 1 | 2 | 0 | 0 | 0 | 0 | |

浏览其摘要和对应科目栏，剔除两个银行账户之间的一笔4万元转账及从工行一笔提现外，其他均应列示于现金流量表内，显而易见，11月份销售收款=63 180+100 000=163 180（元）；采购付款只有一笔57 096元；支付其他与经营有关的现金=10+15+348=373（元）（前两项为银行手续费，后一项为电话费）；支付的职工薪酬=22 078.15（工资）+10 626（社会保险费）+6 072（住房公积金）+299.85（代缴个人所得税）=39 076（元）。这里值得一提的是，代缴个人所得税应该列示在“支付给职工以及为职工支付的现金”项目中，而不应该列示于“支付的各项税费”项目中，因为个税不属于企业缴纳，而是代个人缴纳的，其已在应付工资中代扣，减少了实发数，可以理解为为职工支付的现金流入额，故实际代缴时应记入相同项目即“支付给职工以及为职工支付的现金”中；同理，代扣代缴个人承担的社会保险费和住房公积金也同样应包括在“支付给职工以及为职工支付的现金”项目中。故从企业角度讲，支付给职工的现金包括实发工资数、代缴个人所得税、缴纳的社会保险费和住房公积金（包括企业承担和代扣代缴个人承担部分）。

# 第二部分

# 操作指南、流程图及账簿

该实验模拟的是一家名叫孔夫子公司的办公用品批发零售公司，简单模拟了它的会计和内部控制系统。2013年12月15日之前的业务及账务处理已经完成，你要处理的是从12月16日到12月31日发生的业务：完成相关单据处理、执行相应的内部控制、进行会计核算账务处理。当然，对每笔经济业务都会提供具体说明，告诉你什么时候做什么以及怎么做。

另外，你还要处理月末结账业务，包括月末调整及关账分录、财务报表、12月份的银行存款余额调节表及其他。因为本实验首要目的是展示财务会计信息流，所以只挑选模拟了二十几笔业务。

你需要在进行实验模拟前，请先完成以下前期步骤。为了避免不必要的无效劳动，取得更好的实验效果，请务必在完成前期准备步骤后再开始业务处理。

（1）仔细翻阅操作指南、流程图和各类账簿，并留意流程图和各种账簿的位置，以便实验过程中频繁使用。

（2）浏览实验指导部分的内容，它可以为你的后续实验作参考。

（3）快速翻看所有其他业务资料，对本实验资料的大致位置做到心中有数。

（4）阅读基本业务核算流程图，熟悉模拟企业的核算规则。手工处理每笔业务时，请按流程图操作。

在完成以上四个步骤后，按实验要求开始模拟核算业务。

## 一、简单介绍

### 1.目标

通过该模拟实验，你将会对会计信息系统有更多的了解。而这些了解将对后续的审计、会计及信息系统的学习提供很好的帮助。因为对单据流、核算系统知识的欠缺，往往会极大地阻碍你去真正理解会计和审计。

以下是通过模拟所达到的目标：

（1）帮助理解企业核算系统中最常见、最重要的单据、凭证、明细账和总账的形式和功能；

（2）提高阅读和使用会计业务流程图的能力；

（3）帮助构建基本的内部控制概念；

（4）提高对会计信息系统的认识，从具体的业务层面到总括的报表层面去理解单据、流程和会计控制，从而有助于对如何设计审计测试程序、评价报表公允性形成更好的理解。

该模拟实验可作为会计课程的辅助练习，帮助理解财务会计信息系统，增强对业务流程的理解，实验设计是为了顺利完成上述目标，故所设计的业务尽可能简单。

### 2.手工实验的优势

虽然在当前信息经济时代，会计电算化已在企事业单位全面普及，但手工与电算化只是核算手段不同，其账务处理过程是类似的，业务流、单据流以及其间的内部控制也是相似的。手工操作由于直观而更易于理解，尤其是对从未接触过实际经济业务和会计实务的学生而言，并且这种理解反过来又会促进对电算化的理解。

### 3.业务资料

从12月16日至31日所发生的业务均配备了完全仿真的原始单据，供填写、流转和记账使用。每份单据的左上角均标有单据编号，且单据已按其编号顺序排列。

文件包包括了完成业务并做账务处理所需要的所有单据。当且仅当你要用到它时，才将其抽取出来。

单据种类如下：①空白单据，你需要填制并按流程图去流转；②已部分或全部填好的单据；③提供备用信息的单据，如会计科目表、价格表和业务说明等。

在抽取单据并按相关要求处理后，你需要将其或者作为记账凭证的附件粘贴在记账凭证的背面，或者放入以下四个文件夹中：

（1）中转文件夹：后续还会被使用的单据。例如，经批准的采购订单，但货还未收到；货已入库但发票未到时的采购订单、入库单；收到并经批准的退货申请，但还未收到退货等。

（2）外部人员文件夹：须传递至公司外部的单据。例如，采购订单供应商联；销售发票的发票联和抵扣联；出库单客户联；入库单收据联；开出的转账支票；开出并交外部人员的收据的收据联；交银行办理的电汇单；送存银行的支票、进账单等。

（3）内部留底文件夹：应由各个业务部门（出纳和会计除外）保管的单据，如采购订单采购联和仓储联、入库单和出库单的仓库联、入库单的存根联等。

（4）出纳会计文件夹：不做记账凭证附件但由出纳或会计留存并保管的所有单据，如销售发票存根联、收据存根联及个别15日前已入账记账凭证的附件等。

注意：有三种单据你会频繁使用：业务说明（Doc.No.1）、会计科目表（Doc.No.2）和价格表（Doc.No.3）。这三种单据原本放在文件包中，实验过程中可按各自方便进行保管，但实验结束时，还请放回文件包中。

## 二、企业概况及实验要求

### （一）企业会计处理系统及核算制度

1.企业背景

南京市孔夫子办公耗材有限公司（以下简称孔夫子公司）是一家私营有限责任公司，注册资本100万元，主要从事各种品牌硒鼓、墨盒和色带等办公耗材的批发销售。现有员工5名：1名经理和4名员工。

2.雇员结构及职责安排

具体见基本业务核算流程图（见流程图1至流程图6），这些流程图清晰而细致地描述了各类业务核算的全过程、内部控制关键点、单据产生及传递、内部员工的职责分工等。孔夫子公司的5名员工分别是：

王到——董事长兼总经理，负责各类事务的权签，包括签发支票、批准采购订单、赊销、工资发放等；

钱满库——采购员；

余德水——销售员；

都督——会计；

马千里——出纳兼存货、固定资产等实物资产的保管。

3.会计科目

会计科目表（Doc.No.2）由王到制定，存放于文件包中。本次实验无需用到所有的科目。

4.公司基本信息

公司名称：南京市孔夫子办公耗材有限公司

公司地址：南京市大光路555号

联系电话：025-84999999

开户银行：工商银行大光路支行、建设银行大光路支行

银行账号：32008071008、32001598900005250055

税务登记号：320103249703393

5.商品销售及采购价格

从供应商采购的所有商品均以固定价格成交。销售价格由王到确定，且对于所有客户销售价格均一。商品采购和销售价格见已核准的价格表（Doc.No.3）。此外，存货采购大部分采用送货制，相关进货费用较少，直接计入销售费用。

6.会计核算形式

科目汇总表账务处理程序，即根据记账凭证逐笔登记日记账及明细分类账，登记完后在记账凭证上标记记账符号“√”；根据记账凭证中的相同会计科目，将所有记账凭证汇总编制成科目汇总表，然后根据科目汇总表登记总账。

7.税率

（1）增值税：企业为一般纳税人，税率为17%；

（2）城市维护建设税：以企业实际缴纳的流转税（包括增值税、营业税和消费税）的税额为计征依

据，税率为7%；

（3）教育费附加：以企业实际缴纳的流转税（包括增值税、营业税和消费税）的税额为计征依据，税率为3%；

（4）所得税：税率为25%。

8.存货核算

由于采用固定价格采购与销售，故不存在复杂的存货计价方法问题，平时永续盘存，年底全面冻结盘点一次。

9.职工薪酬核算

关于“五险一金”：“五险”指的是五种保险,包括养老保险、医疗保险、失业保险、工伤保险和生育保险；“一金”指的是住房公积金。其中“三险一金”即养老保险、医疗保险、失业保险和住房公积金由企业和个人共同缴纳，孔夫子公司负担的部分分别按基本工资的20%、8%、2%和12%计算；个人负担的部分分别按基本工资的8%、2%、1%和12%计算并由公司代扣代缴。按照法律，工伤保险和生育保险则完全由企业承担，个人不需要缴纳，但因孔夫子公司目前5名员工均为男性，故公司决定暂不缴纳生育保险，仅按基本工资的1%缴纳工伤保险。都督每月15日在地税局网上申报上月社会保险，随即地税局从公司的账户上扣取社保费用，16日在网上打印“税收电子转账专用完税证”，并据以入账；同日，马千里开具转账支票给南京市住房公积金管理中心用于缴纳上月住房公积金，存根联交都督据以编制记账凭证。工资由马千里每月月底计算，应付工资扣除个税、个人缴纳的住房公积金及三险，使用现金支票取现支付。

10.日记账、明细账和总账

个别账户如可供出售金融资产、实收资本、资本公积和盈余公积虽有余额，但本次实验无须使用，只列示了总账，未列示明细账。月中和月末登记总账后，应确认总账余额与其统御的明细账或日记账余额合计数一致，比如，各应收账款明细账余额之和应等于应收账款总账余额。该实验在各明细账和总账登记有10月1日至12月15日的业务，试算平衡表Doc.No.25列示有9月30日、10月31日、11月30日和12月15日的试算平衡情况。

11.旨在提高实验效率的建议

（1）开始做每笔业务前，一定要读相应的业务流程图，流程图告诉了你具体做哪些操作。

（2）未使用到的单据请按原单据号顺序保存在文件包内，使用了的单据请按单据号顺序存放在不同的文件夹中或粘贴于记账凭证后面。

（3）当按要求处理单据时，将以下单据放于手边，以方便使用：业务说明（Doc.No.1）、流程图、日记账、明细账和具体每笔业务需要使用的单据。

（4）在开始下一笔业务前，按流程图需要完成该笔业务的单据处理，按要求登入相应的日记账或明细账，需要当下处理的不要留待以后完成。

（二）实验要求

1.日常业务核算

开始处理第1笔业务前，请先阅读以下内容：

（1）每笔业务说明旁均有一个标记：Yes表示需要准备或填写相关原始凭证，可能需要作账务处理；No则表示不需要准备或填写原始单据，但需要作账务处理。

（2）建议仔细阅读所有业务，并对需要作账务处理的业务作特别标识。

（3）按以下步骤开始核算业务：

①阅读并分析业务说明；

②找出合适的流程图，按流程图完成后续操作，流程图具体描述了需要准备哪些单据、经过哪些审批或内控程序、记入哪些账户等。

③对需要准备单据的业务，找出适当单据，填写完整并完成所有的内控程序（如权签等）。

④对需要作账务处理的业务，请编制正确的记账凭证；在多笔记账凭证共用相同原始凭证的情况下，

多个记账凭证编号的总号相同，分号用分数表示，如1/2和2/2。

⑤对涉及库存现金和银行存款的业务，根据记账凭证逐笔登记库存现金日记账和银行存款日记账，并随时结出账面余额，以示日清月结。

⑥根据记账凭证登记明细账，并随时结出账面余额。登记明细账或日记账后，应在记账凭证相应的“记账符号”栏划“√”，以免漏登或重登。

⑦继续下一笔业务的处理。除了月结和年底关账程序外，请按以上步骤完成所有业务的处理。

2.12月份结账程序

请准备好以下资料：12月份结账程序清单（如下）、空白记账凭证、各账簿、客户对账单（Doc.No.21）、11月份银行存款余额调节表（Doc.No.22）、12月份银行对账单（Doc.No.23）、增值税纳税申报表（Doc.No.24）、科目汇总表（Doc.No.20）、试算平衡表（Doc.No.25）。将其他资料暂时放在一边。

3.月底需完成的月结程序

（1）都督现场监督，马千里盘点库存现金，制作库存现金盘点表（本实验无）；都督编制银行存款余额调节表，即将12月份银行存款日记账、12月份银行对账单（Doc.No.23）和11月份银行存款余额调节表（Doc.No.22）相核对，在一张白纸上编制12月份银行存款余额调节表，格式可参见11月份银行存款余额调节表（Doc.No.22）。

（2）都督根据应交增值税明细账填写本月增值税纳税申报表（Doc.No.24），王到审批。

（3）都督每月末填写对账单，经王到审签后发送客户。在本实验中，只需填写一份12月份的对账单，客户名称见经济业务中的月底程序。

（4）都督编制调整分录并登记明细账：

①计提折旧：所有固定资产均采用直线法计提折旧，房屋不动产使用年限20年；办公家具、运输工具使用年限5年；电子设备使用年限3年；本月减少的固定资产应照提折旧，而本月增加固定资产不提折旧。

②计提坏账准备：每年底按余额百分比法计提坏账准备，具体比例见业务说明（Doc.No.1）。

③将存货账面价值与年末盘点结果相比较，存在差异时应编制记账凭证调整账面价值，年末盘点的结果见业务说明（Doc.No.1）。

④计算本月应交增值税，并结转本月应交未交增值税。

⑤计提本月应缴纳的城市维护建设税和教育费附加。

（5）每月末都督编制结转分录并登记明细账，结平各种收入、费用类账户，确定本期利润。

（6）每季末都督按25%计提所得税，编制所得税结转分录并登明细账。

（7）每年末都督将“本年利润”借贷方差额转至“未分配利润”并登明细账。

（8）都督使用T形账汇总本月所有记账凭证，编制科目汇总表（Doc.No.20），根据科目汇总表登记总账；核对各总账和明细账一致，根据上月的资产负债表和利润表及本月的科目汇总表编制试算平衡表（Doc.No.25），根据试算平衡表编制本月资产负债表和利润表，最后依据报表、账簿等资料编制现金流量表。详细情况请参阅第一部分第一章会计循环概述。

（9）都督划线结账：

①在最后一笔业务发生额下划一单红线。

②在下一行 “摘要”栏内注明“本月合计”，并填上相应的金额（注意损益类账户因已结平，故余额：“0”，借或贷：“平”）；沿该行底线划一通栏单红线，表示月结。

③在下一行 “摘要”栏内注明“本年累计”，并填上相应的金额（注意损益类账户因已结平，故余额：“0”，借或贷：“平”）； 在其下面划一条双红线，表示该账户已在本年末结束。

## 三、企业日常业务流程图

流程图1至流程图6分别列示了销售、收款、销售退回、采购、支付和职工薪酬所涉及的业务流程。

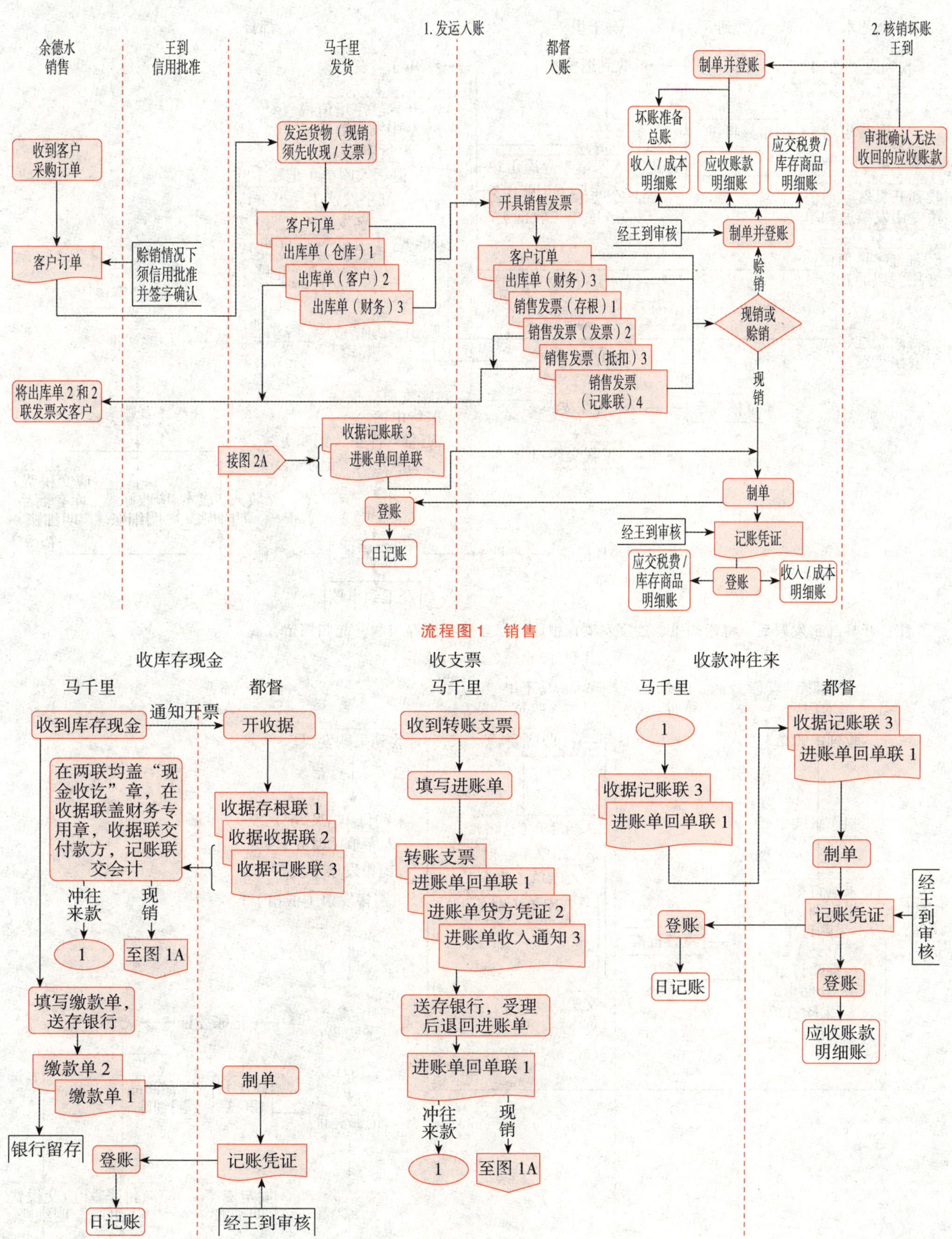


**流程图1 销售**

注：收款方式多种多样，本书仅列举支票和库存现金两种方式。

**流程图2 收款**

余德水
王到
马千里
都督
收到退货通知
退货申请
审核批准
收到开具红字增值税专用发票通知单
开具红字增值税专用发票通知单
将两联红字发票交客户
收到退货
退货申请
退货入库单（仓库）1
退货入库单（记账）3
退货入库单（收据）2
交送货人
开红字发票
开具红字增值税专用发票通知单
退货申请
退货入库单（记账）3
红字发票（存根）1
红字发票（发票）2
红字发票（抵扣）3
红字发票（记账）4
现销
现销或赊销
赊销
制单
经王到审核
记账凭证
登账
开具支票
审核签章
转账支票
正联交客户
转账支票存根联
退货申请
退货入库单（记账）3
红字发票（记账）4
制单
收入 / 成本明细账
应收账款明细账
应交税费 / 库存商品明细账
日记账
登账
记账凭证
登账
经王到审核

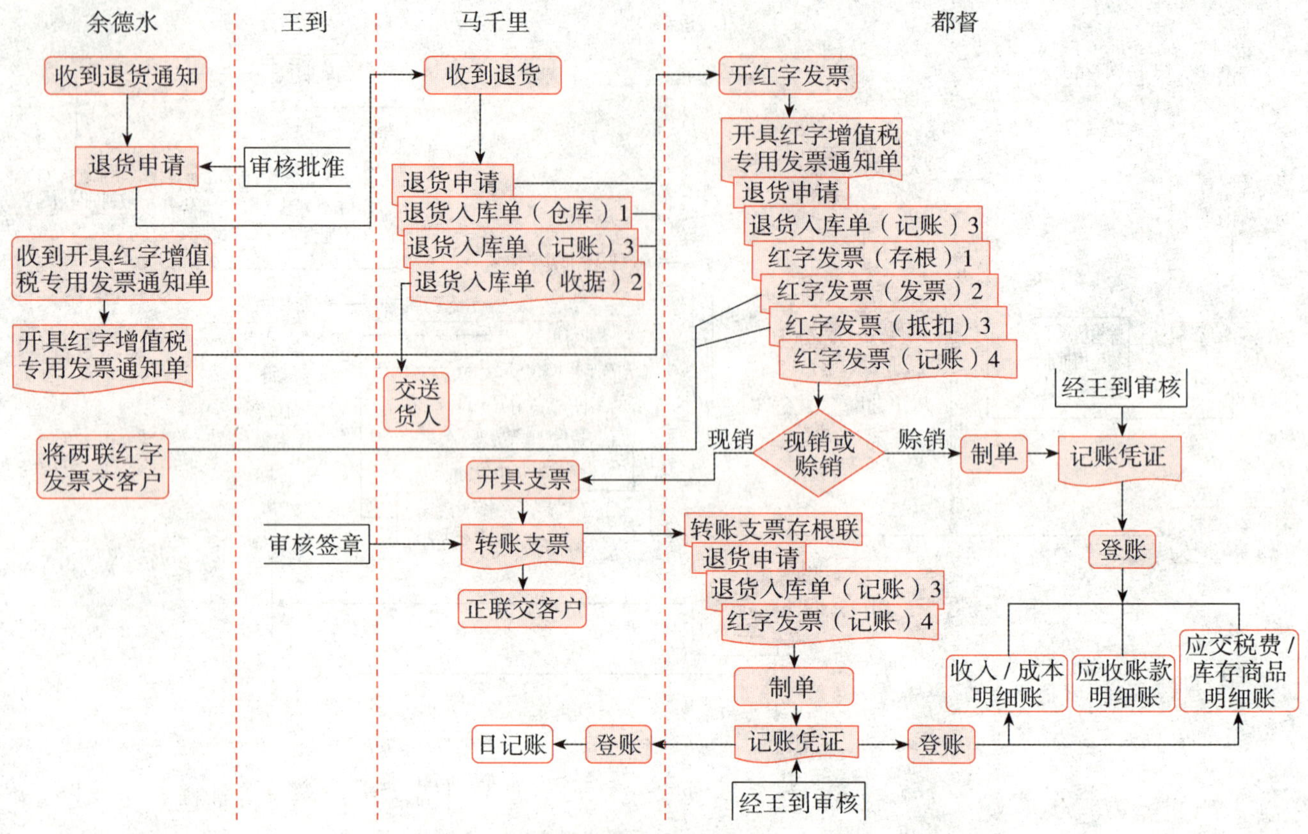

注：开具红字发票后，将通知单、红字发票存根联、原蓝字发票存根联一起归档留存。

流程图3　销售退回

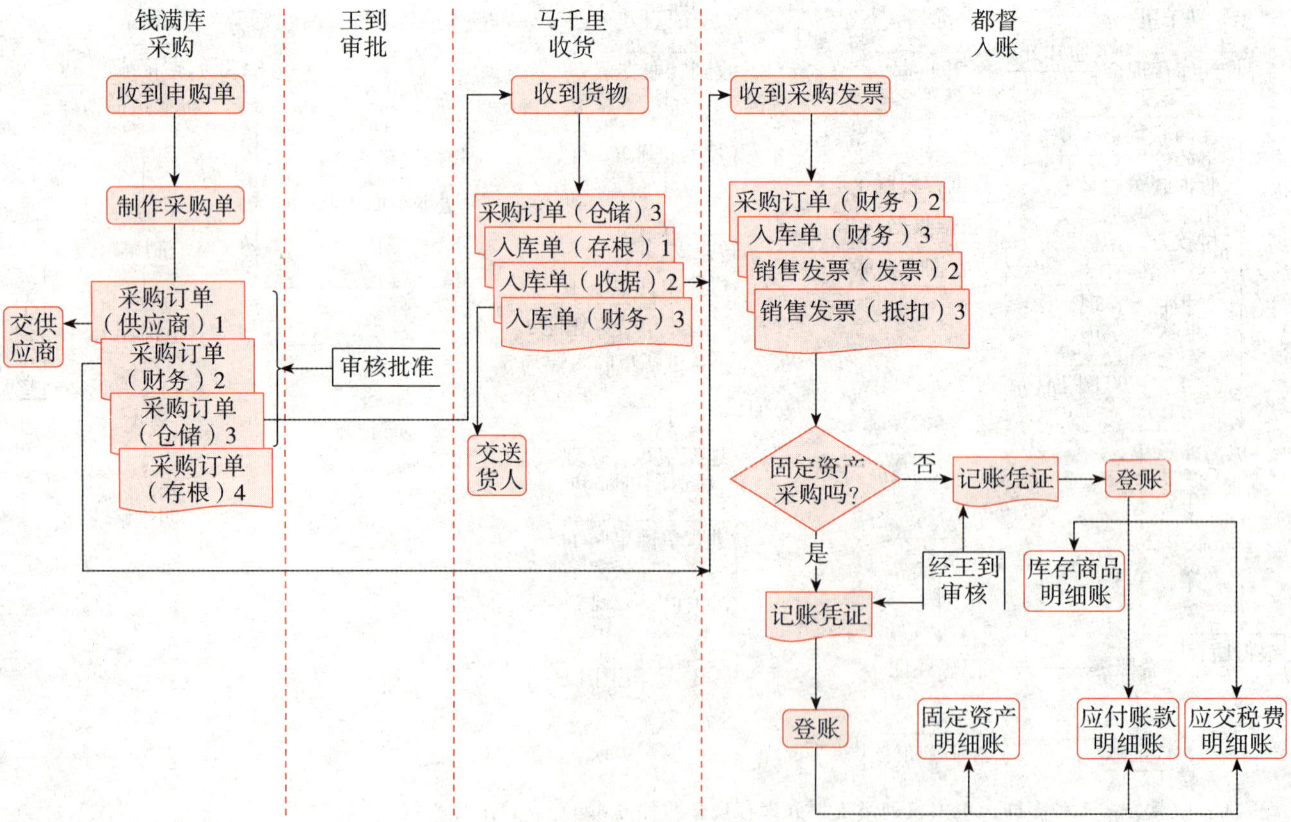

钱满库
采购
王到
审批
马千里
收货
都督
入账
收到申购单
制作采购单
采购订单（供应商）1
采购订单（财务）2
采购订单（仓储）3
采购订单（存根）4
交供应商
审核批准
收到货物
采购订单（仓储）3
入库单（存根）1
入库单（收据）2
入库单（财务）3
交送货人
收到采购发票
采购订单（财务）2
入库单（财务）3
销售发票（发票）2
销售发票（抵扣）3
固定资产采购吗？
否
是
记账凭证
登账
经王到审核
库存商品明细账
记账凭证
登账
固定资产明细账
应付账款明细账
应交税费明细账

流程图4　采购

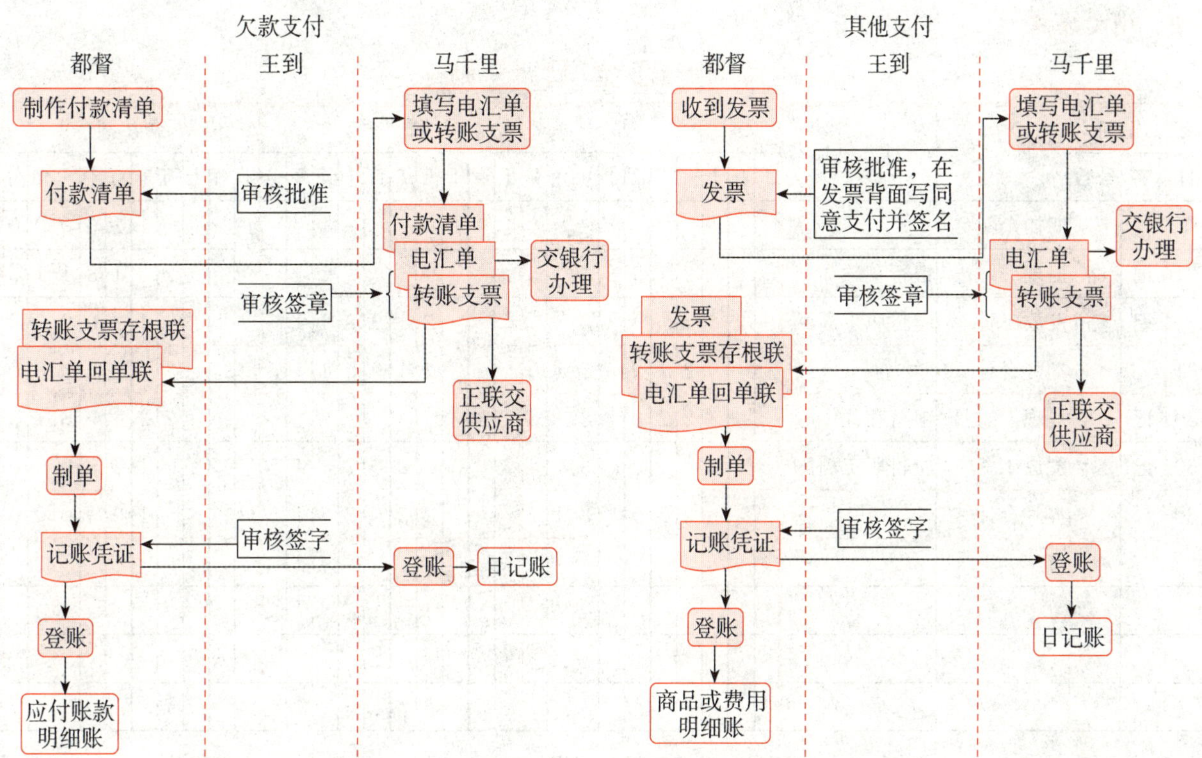


注：支付方式多种多样，本书仅列举最常见的两种方式：支票和电汇，同城支付使用支票，异地支付使用电汇，唯一例外的是，水电费委托银行代扣代缴，每月收到银行转来的委托收款通知单和水电费发票后，由会计制单并登记管理费用明细账，出纳登记银行存款日记账。

流程图5　支付

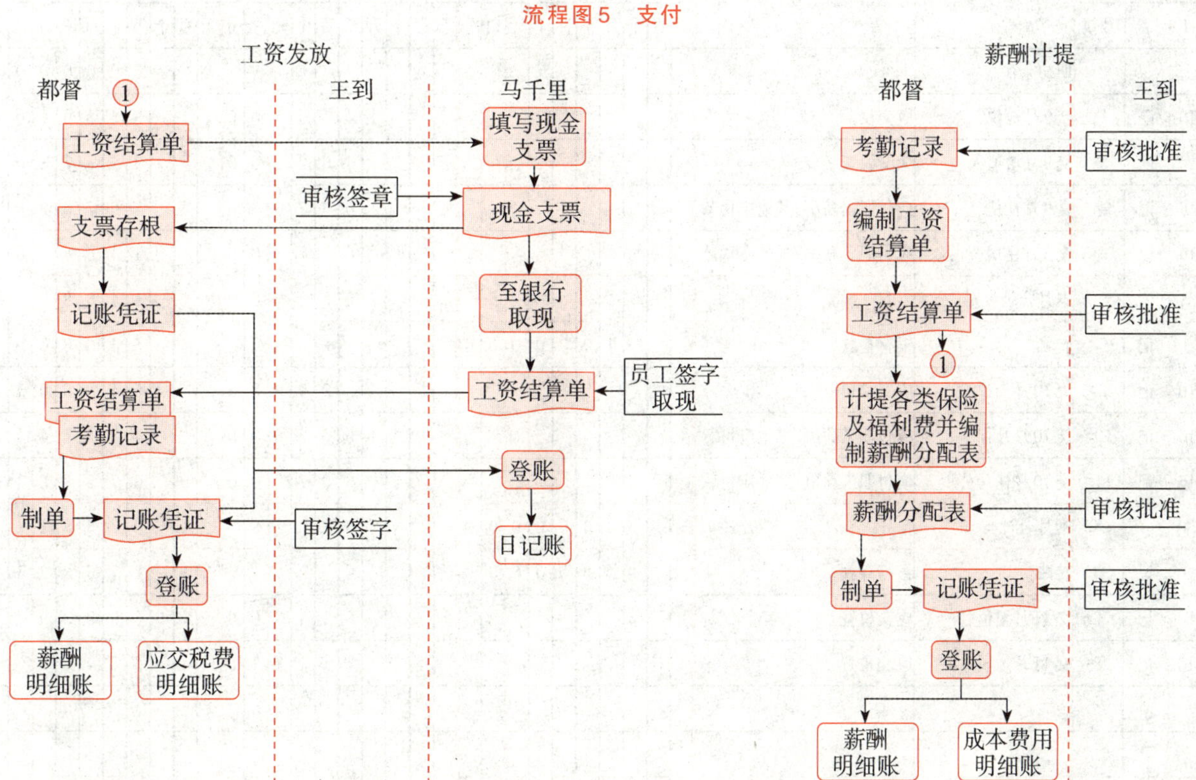


注：目前在我国，很多公司是委托银行代发工资，每月只需将当月工资清单、支票、进账单及数据软盘送到银行即可。当然，还可以由出纳用现金支票取现后，再以库存现金的方式发放。

流程图6　职工薪酬

## 四、相关账簿

### 库存现金日记账

| 2013年 | | 凭证 | | 摘要 | 对方科目 | 借方 | | | | | | | | | | 贷方 | | | | | | | | | | 余额 | | | | | | | | | | √ |
|---|---|---|---|---|---|---|---|---|---|---|---|---|---|---|---|---|---|---|---|---|---|---|---|---|---|---|---|---|---|---|---|---|---|---|---|---|
| 月 | 日 | 字 | 号数 | | | 千 | 百 | 十 | 万 | 千 | 百 | 十 | 元 | 角 | 分 | 千 | 百 | 十 | 万 | 千 | 百 | 十 | 元 | 角 | 分 | 千 | 百 | 十 | 万 | 千 | 百 | 十 | 元 | 角 | 分 | |
| 10 | 1 | | | 期初余额 | | | | | | | | | | | | | | | | | | | | | | | | | | 1 | 2 | 0 | 0 | 0 | 0 | |
| 10 | 31 | 记 | 略 | 提现 | 银行存款 | | | | 2 | 1 | 9 | 8 | 1 | 1 | 5 | | | | | | | | | | | | | | 2 | 3 | 1 | 8 | 1 | 1 | 5 | |
| 10 | 31 | 记 | 略 | 发放工资 | 应付职工薪酬 | | | | | | | | | | | | | | 2 | 1 | 9 | 8 | 1 | 1 | 5 | | | | | 1 | 2 | 0 | 0 | 0 | 0 | |
| 10 | 31 | | | 本月合计 | | | | | 2 | 1 | 9 | 8 | 1 | 1 | 5 | | | | 2 | 1 | 9 | 8 | 1 | 1 | 5 | | | | | 1 | 2 | 0 | 0 | 0 | 0 | |
| 11 | 30 | 记 | 20# | 提现 | 银行存款 | | | | 2 | 2 | 0 | 7 | 8 | 1 | 5 | | | | | | | | | | | | | | 2 | 3 | 2 | 7 | 8 | 1 | 5 | |
| 11 | 30 | 记 | 21# | 发放工资 | 应付职工薪酬 | | | | | | | | | | | | | | 2 | 2 | 0 | 7 | 8 | 1 | 5 | | | | | 1 | 2 | 0 | 0 | 0 | 0 | |
| 11 | 30 | | | 本月合计 | | | | | 2 | 2 | 0 | 7 | 8 | 1 | 5 | | | | 2 | 2 | 0 | 7 | 8 | 1 | 5 | | | | | 1 | 2 | 0 | 0 | 0 | 0 | |

### 银行存款日记账——建设银行

| 2013年 | | 凭证 | | 摘要 | 对方科目 | 借方 | | | | | | | | | | 贷方 | | | | | | | | | | 余额 | | | | | | | | | | √ |
|---|---|---|---|---|---|---|---|---|---|---|---|---|---|---|---|---|---|---|---|---|---|---|---|---|---|---|---|---|---|---|---|---|---|---|---|---|
| 月 | 日 | 字 | 号数 | | | 千 | 百 | 十 | 万 | 千 | 百 | 十 | 元 | 角 | 分 | 千 | 百 | 十 | 万 | 千 | 百 | 十 | 元 | 角 | 分 | 千 | 百 | 十 | 万 | 千 | 百 | 十 | 元 | 角 | 分 | |
| 10 | 1 | | | 期初余额 | | | | | | | | | | | | | | | | | | | | | | | | | 5 | 0 | 0 | 0 | 0 | 0 | 0 | |
| 10 | 10 | 记 | 略 | 交9月地税 | 应交税费 | | | | | | | | | | | | | | 1 | 4 | 1 | 0 | 2 | 0 | 0 | | | | 3 | 5 | 8 | 9 | 8 | 0 | 0 | |
| 10 | 10 | 记 | 略 | 交9月增值税 | 应交税费 | | | | | | | | | | | | | | | 4 | 5 | 2 | 0 | 0 | 0 | | | | 3 | 1 | 3 | 7 | 8 | 0 | 0 | |
| 10 | 16 | 记 | 略 | 交9月社保 | 应付职工薪酬/其他应付款 | | | | | | | | | | | | | | 1 | 0 | 6 | 2 | 6 | 0 | 0 | | | | 2 | 0 | 7 | 5 | 2 | 0 | 0 | |
| 10 | 16 | 记 | 略 | 交9月住房公积金 | 应付职工薪酬/其他应付款 | | | | | | | | | | | | | | | 6 | 0 | 7 | 2 | 0 | 0 | | | | 1 | 4 | 6 | 8 | 0 | 0 | 0 | |
| 10 | 31 | | | 本月合计 | | | | | | | | | | | | | | | 3 | 5 | 3 | 2 | 0 | 0 | 0 | | | | 1 | 4 | 6 | 8 | 0 | 0 | 0 | |
| 11 | 8 | 记 | 5# | 转账 | 银行存款 | | | | 4 | 0 | 0 | 0 | 0 | 0 | 0 | | | | | | | | | | | | | | 5 | 4 | 6 | 8 | 0 | 0 | 0 | |
| 11 | 10 | 记 | 7# | 交10月个税 | 应交税费 | | | | | | | | | | | | | | | | 2 | 9 | 9 | 8 | 5 | | | | 5 | 4 | 3 | 8 | 0 | 1 | 5 | |
| 11 | 16 | 记 | 10# | 交10月社保 | 应付职工薪酬/其他应付款 | | | | | | | | | | | | | | 1 | 0 | 6 | 2 | 6 | 0 | 0 | | | | 4 | 3 | 7 | 5 | 4 | 1 | 5 | |
| 11 | 16 | 记 | 11# | 交10月住房公积金 | 应付职工薪酬/其他应付款 | | | | | | | | | | | | | | | 6 | 0 | 7 | 2 | 0 | 0 | | | | 3 | 7 | 6 | 8 | 2 | 1 | 5 | |
| 11 | 30 | | | 本月合计 | | | | | 4 | 0 | 0 | 0 | 0 | 0 | 0 | | | | 1 | 6 | 9 | 9 | 7 | 8 | 5 | | | | 3 | 7 | 6 | 8 | 2 | 1 | 5 | |
| 12 | 9 | 记 | 6 | 转账 | 银行存款 | | | | 4 | 0 | 0 | 0 | 0 | 0 | 0 | | | | | | | | | | | | | | 7 | 7 | 6 | 8 | 2 | 1 | 5 | |
| 12 | 10 | 记 | 7 | 交11月增值税 | 应交税费 | | | | | | | | | | | | | | | 8 | 1 | 4 | 3 | 0 | 0 | | | | 6 | 9 | 5 | 3 | 9 | 1 | 5 | |
| 12 | 10 | 记 | 8 | 交11月地税 | 应交税费 | | | | | | | | | | | | | | | 1 | 1 | 1 | 7 | 1 | 5 | | | | 6 | 8 | 4 | 2 | 2 | 0 | 0 | |

# 银行存款日记账——工商银行

| 2013年 月 | 日 | 凭证 字 | 号数 | 摘要 | 对方科目 | 借方 | 贷方 | 余额 | √ |
|---|---|---|---|---|---|---|---|---|---|
| 10 | 1 | | | 期初余额 | | | | 33250000 | |
| 10 | 5 | 记 | 略 | 采购付款 | 应付账款 | | 13829400 | 19420600 | |
| 10 | 13 | 记 | 略 | 银行手续费 | 财务费用 | | 3000 | 19417600 | |
| 10 | 15 | 记 | 略 | 采购付款 | 应付账款 | | 10717200 | 8700400 | |
| 10 | 22 | 记 | 略 | 电话费 | 管理费用 | | 31000 | 8669400 | |
| 10 | 27 | 记 | 略 | 银行手续费 | 财务费用 | | 1500 | 8667900 | |
| 10 | 23 | 记 | 略 | 销售收款 | 应收账款 | 15444000 | | 24111900 | |
| 10 | 29 | 记 | 略 | 采购付款 | 应付账款 | | 7722000 | 16389900 | |
| 10 | 31 | 记 | 略 | 支付本月工资 | | | 2198115 | 14191785 | |
| 10 | 31 | | | 本月合计 | | 15444000 | 34502215 | 14191785 | |
| 11 | 8 | 记 | 6# | 销售收款 | 应收账款 | 6318000 | | 20509785 | |
| 11 | 8 | 记 | 5# | 转账 | 银行存款 | | 4000000 | 16509785 | |
| 11 | 13 | 记 | 8# | 销售收款 | 应收账款 | 10000000 | | 26509785 | |
| 11 | 14 | 记 | 9# | 银行手续费 | 财务费用 | | 1500 | 26508285 | |
| 11 | 21 | 记 | 13# | 支付电话费 | 管理费用 | | 34800 | 26473485 | |
| 11 | 21 | 记 | 12# | 银行手续费 | 财务费用 | | 1000 | 26472485 | |
| 11 | 26 | 记 | 14# | 采购付款 | 应付账款 | | 5709600 | 20762885 | |
| 11 | 30 | 记 | 20# | 提现支付本月工资 | | | 2207815 | 18555070 | |
| 11 | 30 | | | 本月合计 | | 16318000 | 11954715 | 18555070 | |
| 12 | 2 | 记 | 1 | 银行手续费 | 财务费用 | | 3500 | 18551570 | |
| 12 | 3 | 记 | 2 | 销售收款 | 应收账款 | 2340000 | | 20891570 | |
| 12 | 7 | 记 | 5 | 采购付款 | 应付账款 | | 10494900 | 10396670 | |
| 12 | 9 | 记 | 6 | 转账 | 银行存款 | | 4000000 | 6396670 | |
| 12 | 10 | 记 | 9 | 销售收款 | 应收账款 | 6318000 | | 12714670 | |
| 12 | 13 | 记 | 13 | 销售收款 | 应收账款 | 7020000 | | 19734670 | |
| 12 | 14 | 记 | 14 | 采购付款 | 应付账款 | | 3500000 | 16234670 | |

## 库存现金总账

科目：　1001

| 2013年 | | 凭证 | | 摘要 | 借方 | | | | | | | | | | 贷方 | | | | | | | | | | 借或贷 | 余额 | | | | | | | | | | √ |
|---|---|---|---|---|---|---|---|---|---|---|---|---|---|---|---|---|---|---|---|---|---|---|---|---|---|---|---|---|---|---|---|---|---|---|---|---|
| 月 | 日 | 种类 | 号数 | | 千 | 百 | 十 | 万 | 千 | 百 | 十 | 元 | 角 | 分 | 千 | 百 | 十 | 万 | 千 | 百 | 十 | 元 | 角 | 分 | | 千 | 百 | 十 | 万 | 千 | 百 | 十 | 元 | 角 | 分 | |
| 10 | 1 | | | 期初余额 | | | | | | | | | | | | | | | | | | | | | 借 | | | | | 1 | 2 | 0 | 0 | 0 | 0 | |
| 10 | 15 | 科汇 | 1 | 1—15日 | | | | | | | | 0 | | | | | | | | | | 0 | | | 借 | | | | | 1 | 2 | 0 | 0 | 0 | 0 | |
| 10 | 31 | 科汇 | 2 | 16—31日 | | | | 2 | 1 | 9 | 8 | 1 | 1 | 5 | | | | 2 | 1 | 9 | 8 | 1 | 1 | 5 | 借 | | | | | 1 | 2 | 0 | 0 | 0 | 0 | |
| 10 | 31 | | | 本月合计 | | | | 2 | 1 | 9 | 8 | 1 | 1 | 5 | | | | 2 | 1 | 9 | 8 | 1 | 1 | 5 | 借 | | | | | 1 | 2 | 0 | 0 | 0 | 0 | |
| 11 | 15 | 科汇 | 1 | 1—15日 | | | | | | | | 0 | | | | | | | | | | 0 | | | 借 | | | | | 1 | 2 | 0 | 0 | 0 | 0 | |
| 11 | 30 | 科汇 | 2 | 16—30日 | | | | 2 | 2 | 0 | 7 | 8 | 1 | 5 | | | | 2 | 2 | 0 | 7 | 8 | 1 | 5 | 借 | | | | | 1 | 2 | 0 | 0 | 0 | 0 | |
| 11 | 30 | | | 本月合计 | | | | 2 | 2 | 0 | 7 | 8 | 1 | 5 | | | | 2 | 2 | 0 | 7 | 8 | 1 | 5 | 借 | | | | | 1 | 2 | 0 | 0 | 0 | 0 | |

## 银行存款总账

科目：　1002

| 2013年 | | 凭证 | | 摘要 | 借方 | | | | | | | | | | 贷方 | | | | | | | | | | 借或贷 | 余额 | | | | | | | | | | √ |
|---|---|---|---|---|---|---|---|---|---|---|---|---|---|---|---|---|---|---|---|---|---|---|---|---|---|---|---|---|---|---|---|---|---|---|---|---|
| 月 | 日 | 种类 | 号数 | | 千 | 百 | 十 | 万 | 千 | 百 | 十 | 元 | 角 | 分 | 千 | 百 | 十 | 万 | 千 | 百 | 十 | 元 | 角 | 分 | | 千 | 百 | 十 | 万 | 千 | 百 | 十 | 元 | 角 | 分 | |
| 10 | 1 | | | 期初余额 | | | | | | | | | | | | | | | | | | | | | | | | 3 | 8 | 2 | 5 | 0 | 0 | 0 | 0 | |
| 10 | 15 | 科汇 | 1 | 1—15日 | | | | | | | | | | | | | 2 | 6 | 4 | 1 | 1 | 8 | 0 | 0 | | | | 1 | 1 | 8 | 3 | 8 | 2 | 0 | 0 | |
| 10 | 31 | 科汇 | 2 | 16—31日 | | | 1 | 5 | 4 | 4 | 4 | 0 | 0 | 0 | | | 1 | 1 | 6 | 2 | 2 | 4 | 1 | 5 | | | | 1 | 5 | 6 | 5 | 9 | 7 | 8 | 5 | |
| 10 | 31 | | | 本月合计 | | | 1 | 5 | 4 | 4 | 4 | 0 | 0 | 0 | | | 3 | 8 | 0 | 3 | 4 | 2 | 1 | 5 | | | | 1 | 5 | 6 | 5 | 9 | 7 | 8 | 5 | |
| 11 | 15 | 科汇 | 1 | 1—15日 | | | 2 | 0 | 3 | 1 | 8 | 0 | 0 | 0 | | | | 9 | 7 | 3 | 9 | 5 | 8 | 5 | | | | 2 | 6 | 2 | 2 | 8 | 2 | 0 | 0 | |
| 11 | 30 | 科汇 | 2 | 16—30日 | | | | | | | | | | | | | | 3 | 9 | 1 | 4 | 9 | 1 | 5 | | | | 2 | 2 | 3 | 2 | 3 | 2 | 8 | 5 | |
| 11 | 30 | | | 本月合计 | | | 2 | 0 | 3 | 1 | 8 | 0 | 0 | 0 | | | 1 | 3 | 6 | 5 | 4 | 5 | 0 | 0 | | | | 2 | 2 | 3 | 2 | 3 | 2 | 8 | 5 | |
| 12 | 15 | 科汇 | 1 | 1-15日 | | | 1 | 9 | 6 | 7 | 8 | 0 | 0 | 0 | | | 1 | 8 | 9 | 2 | 4 | 4 | 1 | 5 | | | | 2 | 3 | 0 | 7 | 6 | 8 | 7 | 0 | |

# 应收账款明细账

明细科目： 0001南京无忧

| 2013年 | | 凭证 | | 摘要 | 借方 | | | | | | | | | | 贷方 | | | | | | | | | | 借或贷 | 余额 | | | | | | | | | | ✓ |
|---|---|---|---|---|---|---|---|---|---|---|---|---|---|---|---|---|---|---|---|---|---|---|---|---|---|---|---|---|---|---|---|---|---|---|---|---|
| 月 | 日 | 种类 | 号数 | | 千 | 百 | 十 | 万 | 千 | 百 | 十 | 元 | 角 | 分 | 千 | 百 | 十 | 万 | 千 | 百 | 十 | 元 | 角 | 分 | | 千 | 百 | 十 | 万 | 千 | 百 | 十 | 元 | 角 | 分 | |
| 10 | 1 | | | 期初余额 | | | | | | | | | | | | | | | | | | | | | 平 | | | | | | | | 0 | | | |
| 10 | 23 | 记 | 略 | 发票＃5951 | | | 1 | 5 | 4 | 4 | 4 | 0 | 0 | 0 | | | | | | | | | | | 借 | | | 1 | 5 | 4 | 4 | 4 | 0 | 0 | 0 | |
| 10 | 30 | 记 | 略 | 收款＃5951 | | | | | | | | | | | | | 1 | 5 | 4 | 4 | 4 | 0 | 0 | 0 | 平 | | | | | | | | 0 | | | |
| 10 | 31 | | | 本月合计 | | | 1 | 5 | 4 | 4 | 4 | 0 | 0 | 0 | | | 1 | 5 | 4 | 4 | 4 | 0 | 0 | 0 | 平 | | | | | | | | 0 | | | |
| | | | | | | | | | | | | | | | | | | | | | | | | | | | | | | | | | | | | |
| | | | | | | | | | | | | | | | | | | | | | | | | | | | | | | | | | | | | |
| | | | | | | | | | | | | | | | | | | | | | | | | | | | | | | | | | | | | |
| | | | | | | | | | | | | | | | | | | | | | | | | | | | | | | | | | | | | |
| | | | | | | | | | | | | | | | | | | | | | | | | | | | | | | | | | | | | |
| | | | | | | | | | | | | | | | | | | | | | | | | | | | | | | | | | | | | |
| | | | | | | | | | | | | | | | | | | | | | | | | | | | | | | | | | | | | |
| | | | | | | | | | | | | | | | | | | | | | | | | | | | | | | | | | | | | |

# 应收账款明细账

明细科目： 0002江苏中吉

| 2013年 | | 凭证 | | 摘要 | 借方 | | | | | | | | | | 贷方 | | | | | | | | | | 借或贷 | 余额 | | | | | | | | | | ✓ |
|---|---|---|---|---|---|---|---|---|---|---|---|---|---|---|---|---|---|---|---|---|---|---|---|---|---|---|---|---|---|---|---|---|---|---|---|---|
| 月 | 日 | 种类 | 号数 | | 千 | 百 | 十 | 万 | 千 | 百 | 十 | 元 | 角 | 分 | 千 | 百 | 十 | 万 | 千 | 百 | 十 | 元 | 角 | 分 | | 千 | 百 | 十 | 万 | 千 | 百 | 十 | 元 | 角 | 分 | |
| 10 | 1 | | | 期初余额 | | | | | | | | | | | | | | | | | | | | | 平 | | | | | | | | 0 | | | |
| 11 | 2 | 记 | 1# | 发票＃5952 | | | 1 | 6 | 1 | 4 | 6 | 0 | 0 | 0 | | | | | | | | | | | 借 | | | 1 | 6 | 1 | 4 | 6 | 0 | 0 | 0 | |
| 11 | 13 | 记 | 8# | 部分收款＃5952 | | | | | | | | | | | | | 1 | 0 | 0 | 0 | 0 | 0 | 0 | 0 | 借 | | | | 6 | 1 | 4 | 6 | 0 | 0 | 0 | |
| 11 | 30 | | | 本月合计 | | | 1 | 6 | 1 | 4 | 6 | 0 | 0 | 0 | | | 1 | 0 | 0 | 0 | 0 | 0 | 0 | 0 | 借 | | | | 6 | 1 | 4 | 6 | 0 | 0 | 0 | |
| 12 | 4 | 记 | 3 | 发票＃5956 | | | | 7 | 0 | 2 | 0 | 0 | 0 | 0 | | | | | | | | | | | 借 | | | 1 | 3 | 1 | 6 | 6 | 0 | 0 | 0 | |
| 12 | 11 | 记 | 11 | 发票＃5958 | | | | 5 | 2 | 6 | 5 | 0 | 0 | 0 | | | | | | | | | | | 借 | | | 1 | 8 | 4 | 3 | 1 | 0 | 0 | 0 | |
| 12 | 13 | 记 | 13 | 收款＃5956 | | | | | | | | | | | | | | 7 | 0 | 2 | 0 | 0 | 0 | 0 | 借 | | | 1 | 1 | 4 | 1 | 1 | 0 | 0 | 0 | |
| | | | | | | | | | | | | | | | | | | | | | | | | | | | | | | | | | | | | |
| | | | | | | | | | | | | | | | | | | | | | | | | | | | | | | | | | | | | |
| | | | | | | | | | | | | | | | | | | | | | | | | | | | | | | | | | | | | |
| | | | | | | | | | | | | | | | | | | | | | | | | | | | | | | | | | | | | |
| | | | | | | | | | | | | | | | | | | | | | | | | | | | | | | | | | | | | |
| | | | | | | | | | | | | | | | | | | | | | | | | | | | | | | | | | | | | |
| | | | | | | | | | | | | | | | | | | | | | | | | | | | | | | | | | | | | |
| | | | | | | | | | | | | | | | | | | | | | | | | | | | | | | | | | | | | |

## 应收账款明细账

明细科目：0003昆山软科

| 2013年 | | 凭证 | | 摘要 | 借方 | | | | | | | | | | 贷方 | | | | | | | | | | 借或贷 | 余额 | | | | | | | | | | √ |
|---|---|---|---|---|---|---|---|---|---|---|---|---|---|---|---|---|---|---|---|---|---|---|---|---|---|---|---|---|---|---|---|---|---|---|---|---|
| 月 | 日 | 种类 | 号数 | | 千 | 百 | 十 | 万 | 千 | 百 | 十 | 元 | 角 | 分 | 千 | 百 | 十 | 万 | 千 | 百 | 十 | 元 | 角 | 分 | | 千 | 百 | 十 | 万 | 千 | 百 | 十 | 元 | 角 | 分 | |
| 10 | 1 | | | 期初余额 | | | | | | | | | | | | | | | | | | | | | 借 | | | | 1 | 5 | 8 | 0 | 0 | 0 | 0 | |
| 11 | 27 | 记 | 15# | 发票#5955 | | | | 2 | 3 | 4 | 0 | 0 | 0 | 0 | | | | | | | | | | | 借 | | | | 3 | 9 | 2 | 0 | 0 | 0 | 0 | |
| 11 | 30 | | | 本月合计 | | | | 2 | 3 | 4 | 0 | 0 | 0 | 0 | | | | | | | | | | | 借 | | | | 3 | 9 | 2 | 0 | 0 | 0 | 0 | |
| 12 | 3 | 记 | 2 | 收款#5955 | | | | | | | | | | | | | | 2 | 3 | 4 | 0 | 0 | 0 | 0 | 借 | | | | 1 | 5 | 8 | 0 | 0 | 0 | 0 | |

## 应收账款明细账

明细科目：0004南京创联

| 2013年 | | 凭证 | | 摘要 | 借方 | | | | | | | | | | 贷方 | | | | | | | | | | 借或贷 | 余额 | | | | | | | | | | √ |
|---|---|---|---|---|---|---|---|---|---|---|---|---|---|---|---|---|---|---|---|---|---|---|---|---|---|---|---|---|---|---|---|---|---|---|---|---|
| 月 | 日 | 种类 | 号数 | | 千 | 百 | 十 | 万 | 千 | 百 | 十 | 元 | 角 | 分 | 千 | 百 | 十 | 万 | 千 | 百 | 十 | 元 | 角 | 分 | | 千 | 百 | 十 | 万 | 千 | 百 | 十 | 元 | 角 | 分 | |
| 10 | 1 | | | 期初余额 | | | | | | | | | | | | | | | | | | | | | 平 | | | | | | | | 0 | | | |
| 11 | 5 | 记 | 2# | 发票#5953 | | | 1 | 0 | 5 | 3 | 0 | 0 | 0 | 0 | | | | | | | | | | | 借 | | | 1 | 0 | 5 | 3 | 0 | 0 | 0 | 0 | |
| 11 | 6 | 记 | 4# | 部分退货#5953 | | | | 4 | 2 | 1 | 2 | 0 | 0 | 0 | | | | | | | | | | | 借 | | | | 6 | 3 | 1 | 8 | 0 | 0 | 0 | |
| 11 | 8 | 记 | 6# | 收余款#5953 | | | | | | | | | | | | | | 6 | 3 | 1 | 8 | 0 | 0 | 0 | 平 | | | | | | | | 0 | | | |
| 11 | 30 | | | 本月合计 | | | | 6 | 3 | 1 | 8 | 0 | 0 | 0 | | | | 6 | 3 | 1 | 8 | 0 | 0 | 0 | 平 | | | | | | | | 0 | | | |
| 12 | 5 | 记 | 4 | 发票#5957 | | | | 6 | 3 | 1 | 8 | 0 | 0 | 0 | | | | | | | | | | | 借 | | | | 6 | 3 | 1 | 8 | 0 | 0 | 0 | |
| 12 | 10 | 记 | 9 | 收款#5957 | | | | | | | | | | | | | | 6 | 3 | 1 | 8 | 0 | 0 | 0 | 平 | | | | | | | | 0 | | | |
| 12 | 13 | 记 | 12 | 发票#5959 | | | | 2 | 8 | 0 | 8 | 0 | 0 | 0 | | | | | | | | | | | 借 | | | | 2 | 8 | 0 | 8 | 0 | 0 | 0 | |

## 应收账款明细账

明细科目：　　　　0005河源同芯

| 2013年 | | 凭证 | | 摘要 | 借方 | | | | | | | | | | 贷方 | | | | | | | | | | 借或贷 | 余额 | | | | | | | | | | √ |
|---|---|---|---|---|---|---|---|---|---|---|---|---|---|---|---|---|---|---|---|---|---|---|---|---|---|---|---|---|---|---|---|---|---|---|---|---|
| 月 | 日 | 种类 | 号数 | | 千 | 百 | 十 | 万 | 千 | 百 | 十 | 元 | 角 | 分 | 千 | 百 | 十 | 万 | 千 | 百 | 十 | 元 | 角 | 分 | | 千 | 百 | 十 | 万 | 千 | 百 | 十 | 元 | 角 | 分 | |
| 10 | 1 | | | 期初余额 | | | | | 1 | 2 | 0 | 0 | 0 | 0 | | | | | | | | | | | 借 | | | | | 1 | 2 | 0 | 0 | 0 | 0 | |

## 应收账款总账

科目：　　　　1122

| 2013年 | | 凭证 | | 摘要 | 借方 | | | | | | | | | | 贷方 | | | | | | | | | | 借或贷 | 余额 | | | | | | | | | | √ |
|---|---|---|---|---|---|---|---|---|---|---|---|---|---|---|---|---|---|---|---|---|---|---|---|---|---|---|---|---|---|---|---|---|---|---|---|---|
| 月 | 日 | 种类 | 号数 | | 千 | 百 | 十 | 万 | 千 | 百 | 十 | 元 | 角 | 分 | 千 | 百 | 十 | 万 | 千 | 百 | 十 | 元 | 角 | 分 | | 千 | 百 | 十 | 万 | 千 | 百 | 十 | 元 | 角 | 分 | |
| 10 | 1 | | | 期初余额 | | | | | | | | | | | | | | | | | | | | | 借 | | | | 1 | 7 | 0 | 0 | 0 | 0 | 0 | |
| 10 | 31 | 科汇 | 2 | 16—31日 | | | 1 | 5 | 4 | 4 | 4 | 0 | 0 | 0 | | | 1 | 5 | 4 | 4 | 4 | 0 | 0 | 0 | 借 | | | | 1 | 7 | 0 | 0 | 0 | 0 | 0 | |
| 10 | 31 | | | 本月合计 | | | 1 | 5 | 4 | 4 | 4 | 0 | 0 | 0 | | | 1 | 5 | 4 | 4 | 4 | 0 | 0 | 0 | 借 | | | | 1 | 7 | 0 | 0 | 0 | 0 | 0 | |
| 11 | 15 | 科汇 | 1 | 1—15日 | | | 2 | 2 | 4 | 6 | 4 | 0 | 0 | 0 | | | 1 | 6 | 3 | 1 | 8 | 0 | 0 | 0 | 借 | | | | 7 | 8 | 4 | 6 | 0 | 0 | 0 | |
| 11 | 30 | 科汇 | 2 | 16—30日 | | | | 2 | 3 | 4 | 0 | 0 | 0 | 0 | | | | | | | | | | | 借 | | | 1 | 0 | 1 | 8 | 6 | 0 | 0 | 0 | |
| 11 | 30 | | | 本月合计 | | | 2 | 4 | 8 | 0 | 4 | 0 | 0 | 0 | | | 1 | 6 | 3 | 1 | 8 | 0 | 0 | 0 | 借 | | | 1 | 0 | 1 | 8 | 6 | 0 | 0 | 0 | |
| 12 | 15 | 科汇 | 1 | 1—15日 | | | 2 | 1 | 4 | 1 | 1 | 0 | 0 | 0 | | | 1 | 5 | 6 | 7 | 8 | 0 | 0 | 0 | 借 | | | 1 | 5 | 9 | 1 | 9 | 0 | 0 | 0 | |

## 坏账准备

科目：　　1231

| 2013年 | | 凭证 | | 摘要 | 借方 | | | | | | | | | | 贷方 | | | | | | | | | | 借或贷 | 余额 | | | | | | | | | | √ |
|---|---|---|---|---|---|---|---|---|---|---|---|---|---|---|---|---|---|---|---|---|---|---|---|---|---|---|---|---|---|---|---|---|---|---|---|---|
| 月 | 日 | 种类 | 号数 | | 千 | 百 | 十 | 万 | 千 | 百 | 十 | 元 | 角 | 分 | 千 | 百 | 十 | 万 | 千 | 百 | 十 | 元 | 角 | 分 | | 千 | 百 | 十 | 万 | 千 | 百 | 十 | 元 | 角 | 分 | |
| 10 | 1 | | | 期初余额 | | | | | | | | | | | | | | | | | | | | | 贷 | | | | | | 8 | 5 | 0 | 0 | 0 | |
| | | | | | | | | | | | | | | | | | | | | | | | | | | | | | | | | | | | | |
| | | | | | | | | | | | | | | | | | | | | | | | | | | | | | | | | | | | | |
| | | | | | | | | | | | | | | | | | | | | | | | | | | | | | | | | | | | | |
| | | | | | | | | | | | | | | | | | | | | | | | | | | | | | | | | | | | | |
| | | | | | | | | | | | | | | | | | | | | | | | | | | | | | | | | | | | | |
| | | | | | | | | | | | | | | | | | | | | | | | | | | | | | | | | | | | | |
| | | | | | | | | | | | | | | | | | | | | | | | | | | | | | | | | | | | | |
| | | | | | | | | | | | | | | | | | | | | | | | | | | | | | | | | | | | | |

## 库存商品总账

科目：　　1405

| 2013年 | | 凭证 | | 摘要 | 借方 | | | | | | | | | | 贷方 | | | | | | | | | | 借或贷 | 余额 | | | | | | | | | | √ |
|---|---|---|---|---|---|---|---|---|---|---|---|---|---|---|---|---|---|---|---|---|---|---|---|---|---|---|---|---|---|---|---|---|---|---|---|---|
| 月 | 日 | 种类 | 号数 | | 千 | 百 | 十 | 万 | 千 | 百 | 十 | 元 | 角 | 分 | 千 | 百 | 十 | 万 | 千 | 百 | 十 | 元 | 角 | 分 | | 千 | 百 | 十 | 万 | 千 | 百 | 十 | 元 | 角 | 分 | |
| 10 | 1 | | | 期初余额 | | | | | | | | | | | | | | | | | | | | | 借 | | | 2 | 1 | 9 | 9 | 0 | 0 | 0 | 0 | |
| 10 | 15 | 科汇 | 1 | 1—15日 | | | | 9 | 1 | 6 | 0 | 0 | 0 | 0 | | | | | | | | | | | 借 | | | 3 | 1 | 1 | 5 | 0 | 0 | 0 | 0 | |
| 10 | 31 | 科汇 | 2 | 16—31日 | | | | 6 | 6 | 0 | 0 | 0 | 0 | 0 | | | | 9 | 1 | 6 | 0 | 0 | 0 | 0 | 借 | | | 2 | 8 | 5 | 9 | 0 | 0 | 0 | 0 | |
| 10 | 31 | | | 本月合计 | | | 1 | 5 | 7 | 6 | 0 | 0 | 0 | 0 | | | | 9 | 1 | 6 | 0 | 0 | 0 | 0 | 借 | | | 2 | 8 | 5 | 9 | 0 | 0 | 0 | 0 | |
| 11 | 15 | 科汇 | 1 | 1—15日 | | | | 4 | 8 | 8 | 0 | 0 | 0 | 0 | | | 1 | 2 | 9 | 6 | 0 | 0 | 0 | 0 | 借 | | | 2 | 0 | 5 | 1 | 0 | 0 | 0 | 0 | |
| 11 | 30 | 科汇 | 2 | 16—30日 | | | | 8 | 9 | 7 | 0 | 0 | 0 | 0 | | | | 1 | 5 | 8 | 0 | 0 | 0 | 0 | 借 | | | 2 | 7 | 9 | 0 | 0 | 0 | 0 | 0 | |
| 11 | 30 | | | 本月合计 | | | 1 | 3 | 8 | 5 | 0 | 0 | 0 | 0 | | | 1 | 4 | 5 | 4 | 0 | 0 | 0 | 0 | 借 | | | 2 | 7 | 9 | 0 | 0 | 0 | 0 | 0 | |
| 12 | 15 | 科汇 | 1 | 1—15日 | | | | | | | | | | | | | 1 | 3 | 8 | 9 | 6 | 0 | 0 | 0 | 借 | | | 1 | 4 | 0 | 0 | 4 | 0 | 0 | 0 | |
| | | | | | | | | | | | | | | | | | | | | | | | | | | | | | | | | | | | | |
| | | | | | | | | | | | | | | | | | | | | | | | | | | | | | | | | | | | | |
| | | | | | | | | | | | | | | | | | | | | | | | | | | | | | | | | | | | | |
| | | | | | | | | | | | | | | | | | | | | | | | | | | | | | | | | | | | | |
| | | | | | | | | | | | | | | | | | | | | | | | | | | | | | | | | | | | | |
| | | | | | | | | | | | | | | | | | | | | | | | | | | | | | | | | | | | | |
| | | | | | | | | | | | | | | | | | | | | | | | | | | | | | | | | | | | | |

## 库存商品明细账

分页　　总页

最高存量　　　　　　　　　　　　　　　　　　　　编号、名称 08AX001爱普生硒鼓

最低存量　　储存天数　　存放地点　　计量单位 个　　规格　　类别

| 2013年 | | 凭证 | | 摘要 | 收入 | | | | | | | | | | | | 发出 | | | | | | | | | | | | 结存 | | | | | | | | | | | |
|---|---|---|---|---|---|---|---|---|---|---|---|---|---|---|---|---|---|---|---|---|---|---|---|---|---|---|---|---|---|---|---|---|---|---|---|---|---|---|---|---|
| 月 | 日 | 种类 | 号数 | | 数量 | 单价 | 千 | 百 | 十 | 万 | 千 | 百 | 十 | 元 | 角 | 分 | 数量 | 单价 | 千 | 百 | 十 | 万 | 千 | 百 | 十 | 元 | 角 | 分 | 数量 | 单价 | 千 | 百 | 十 | 万 | 千 | 百 | 十 | 元 | 角 | 分 |
| 10 | 1 | | | 期初余额 | | | | | | | | | | | | | | | | | | | | | | | | | 250 | 220 | | | | 5 | 5 | 0 | 0 | 0 | 0 | 0 |
| 10 | 22 | 记 | 略 | 采购入库 | 200 | 220 | | | | 4 | 4 | 0 | 0 | 0 | 0 | 0 | | | | | | | | | | | | | 450 | 220 | | | | 9 | 9 | 0 | 0 | 0 | 0 | 0 |
| 10 | 31 | | | 本月合计 | 200 | 220 | | | | 4 | 4 | 0 | 0 | 0 | 0 | 0 | | | | | | | | | | | | | 450 | 220 | | | | 9 | 9 | 0 | 0 | 0 | 0 | 0 |
| 11 | 5 | 记 | 2# | 创联销售出库 | | | | | | | | | | | | | 200 | 220 | | | | 4 | 4 | 0 | 0 | 0 | 0 | 0 | 250 | 220 | | | | 5 | 5 | 0 | 0 | 0 | 0 | 0 |
| 11 | 5 | 记 | 3# | 采购入库 | 100 | 220 | | | | 2 | 2 | 0 | 0 | 0 | 0 | 0 | | | | | | | | | | | | | 350 | 220 | | | | 7 | 7 | 0 | 0 | 0 | 0 | 0 |
| 11 | 6 | 记 | 4# | 创联退货 | | | | | | | | | | | | | 80 | 220 | | | | 1 | 7 | 6 | 0 | 0 | 0 | 0 | 430 | 220 | | | | 9 | 4 | 6 | 0 | 0 | 0 | 0 |
| 11 | 29 | 记 | 16# | 采购入库 | 200 | 220 | | | | 4 | 4 | 0 | 0 | 0 | 0 | 0 | | | | | | | | | | | | | 630 | 220 | | | 1 | 3 | 8 | 6 | 0 | 0 | 0 | 0 |
| 11 | 30 | | | 本月合计 | 300 | 220 | | | | 6 | 6 | 0 | 0 | 0 | 0 | 0 | 120 | 220 | | | | 2 | 6 | 4 | 0 | 0 | 0 | 0 | 630 | 220 | | | 1 | 3 | 8 | 6 | 0 | 0 | 0 | 0 |
| 12 | 5 | 记 | 4 | 创联销售出库 | | | | | | | | | | | | | 120 | 220 | | | | 2 | 6 | 4 | 0 | 0 | 0 | 0 | 510 | 220 | | | 1 | 1 | 2 | 2 | 0 | 0 | 0 | 0 |
| 12 | 11 | 记 | 11 | 中吉销售出库 | | | | | | | | | | | | | 100 | 220 | | | | 2 | 2 | 0 | 0 | 0 | 0 | 0 | 410 | 220 | | | | 9 | 0 | 2 | 0 | 0 | 0 | 0 |

## 库存商品明细账

分页　　总页

最高存量　　　　　　　　　　　　　　　　　　　　编号、名称 08AM001爱普生墨盒

最低存量　　储存天数　　存放地点　　计量单位 盒　　规格　　类别

| 2013年 | | 凭证 | | 摘要 | 收入 | | | | | | | | | | | | 发出 | | | | | | | | | | | | 结存 | | | | | | | | | | | |
|---|---|---|---|---|---|---|---|---|---|---|---|---|---|---|---|---|---|---|---|---|---|---|---|---|---|---|---|---|---|---|---|---|---|---|---|---|---|---|---|---|
| 月 | 日 | 种类 | 号数 | | 数量 | 单价 | 千 | 百 | 十 | 万 | 千 | 百 | 十 | 元 | 角 | 分 | 数量 | 单价 | 千 | 百 | 十 | 万 | 千 | 百 | 十 | 元 | 角 | 分 | 数量 | 单价 | 千 | 百 | 十 | 万 | 千 | 百 | 十 | 元 | 角 | 分 |
| 10 | 1 | | | 期初余额 | | | | | | | | | | | | | | | | | | | | | | | | | 250 | 110 | | | | 2 | 7 | 5 | 0 | 0 | 0 | 0 |
| 10 | 22 | 记 | 略 | 采购入库 | 200 | 110 | | | | 2 | 2 | 0 | 0 | 0 | 0 | 0 | | | | | | | | | | | | | 450 | 110 | | | | 4 | 9 | 5 | 0 | 0 | 0 | 0 |
| 10 | 31 | | | 本月合计 | 200 | 110 | | | | 2 | 2 | 0 | 0 | 0 | 0 | 0 | | | | | | | | | | | | | 450 | 110 | | | | 4 | 9 | 5 | 0 | 0 | 0 | 0 |
| 11 | 5 | 记 | 2# | 创联销售出库 | | | | | | | | | | | | | 200 | 110 | | | | 2 | 2 | 0 | 0 | 0 | 0 | 0 | 250 | 110 | | | | 2 | 7 | 5 | 0 | 0 | 0 | 0 |
| 11 | 5 | 记 | 3# | 采购入库 | 100 | 110 | | | | 1 | 1 | 0 | 0 | 0 | 0 | 0 | | | | | | | | | | | | | 350 | 110 | | | | 3 | 8 | 5 | 0 | 0 | 0 | 0 |
| 11 | 6 | 记 | 4# | 创联退货 | | | | | | | | | | | | | 80 | 110 | | | | | 8 | 8 | 0 | 0 | 0 | 0 | 430 | 110 | | | | 4 | 7 | 3 | 0 | 0 | 0 | 0 |
| 11 | 29 | 记 | 16# | 采购入库 | 200 | 110 | | | | 2 | 2 | 0 | 0 | 0 | 0 | 0 | | | | | | | | | | | | | 630 | 110 | | | | 6 | 9 | 3 | 0 | 0 | 0 | 0 |
| 11 | 30 | | | 本月合计 | 300 | 110 | | | | 3 | 3 | 0 | 0 | 0 | 0 | 0 | 120 | 110 | | | | 1 | 3 | 2 | 0 | 0 | 0 | 0 | 630 | 110 | | | | 6 | 9 | 3 | 0 | 0 | 0 | 0 |
| 12 | 5 | 记 | 4 | 创联销售出库 | | | | | | | | | | | | | 120 | 110 | | | | 1 | 3 | 2 | 0 | 0 | 0 | 0 | 510 | 110 | | | | 5 | 6 | 1 | 0 | 0 | 0 | 0 |
| 12 | 11 | 记 | 11 | 中吉销售出库 | | | | | | | | | | | | | 100 | 110 | | | | 1 | 1 | 0 | 0 | 0 | 0 | 0 | 410 | 110 | | | | 4 | 5 | 1 | 0 | 0 | 0 | 0 |

## 库存商品明细账

分页　　总页

最高存量＿＿＿＿　　　　　编号、名称 08HM001惠普墨盒

最低存量＿＿＿＿　储存天数＿＿＿＿　存放地点＿＿＿＿　计量单位 盒　规格＿＿＿＿　类别＿＿＿＿

| 2013年 | | 凭证 | | 摘要 | 收入 | | | | | | | | | | | | 发出 | | | | | | | | | | | | 结存 | | | | | | | | | | | |
|---|---|---|---|---|---|---|---|---|---|---|---|---|---|---|---|---|---|---|---|---|---|---|---|---|---|---|---|---|---|---|---|---|---|---|---|---|---|---|---|---|
| | | | | | 数量 | 单价 | 金额 | | | | | | | | | | 数量 | 单价 | 金额 | | | | | | | | | | 数量 | 单价 | 金额 | | | | | | | | | |
| 月 | 日 | 种类 | 号数 | | | | 千 | 百 | 十 | 万 | 千 | 百 | 十 | 元 | 角 | 分 | | | 千 | 百 | 十 | 万 | 千 | 百 | 十 | 元 | 角 | 分 | | | 千 | 百 | 十 | 万 | 千 | 百 | 十 | 元 | 角 | 分 |
| 10 | 1 | | | 期初余额 | | | | | | | | | | | | | | | | | | | | | | | | | 300 | 158 | | | | 4 | 7 | 4 | 0 | 0 | 0 | 0 |
| 10 | 8 | 记 | 略 | 采购入库 | 200 | 158 | | | | 3 | 1 | 6 | 0 | 0 | 0 | 0 | | | | | | | | | | | | | 500 | 158 | | | | 7 | 9 | 0 | 0 | 0 | 0 | 0 |
| 10 | 23 | 记 | 略 | 无忧销售出库 | | | | | | | | | | | | | 200 | 158 | | | | 3 | 1 | 6 | 0 | 0 | 0 | 0 | 300 | 158 | | | | 4 | 7 | 4 | 0 | 0 | 0 | 0 |
| 10 | 31 | | | 本月合计 | 200 | 158 | | | | 3 | 1 | 6 | 0 | 0 | 0 | 0 | 200 | 158 | | | | 3 | 1 | 6 | 0 | 0 | 0 | 0 | 300 | 158 | | | | 4 | 7 | 4 | 0 | 0 | 0 | 0 |
| 11 | 5 | 记 | 3# | 采购入库 | 100 | 158 | | | | 1 | 5 | 8 | 0 | 0 | 0 | 0 | | | | | | | | | | | | | 400 | 158 | | | | 6 | 3 | 2 | 0 | 0 | 0 | 0 |
| 11 | 27 | 记 | 15# | 昆山销售出库 | | | | | | | | | | | | | 100 | 158 | | | | 1 | 5 | 8 | 0 | 0 | 0 | 0 | 300 | 158 | | | | 4 | 7 | 4 | 0 | 0 | 0 | 0 |
| 11 | 29 | 记 | 16# | 采购入库 | 150 | 158 | | | | 2 | 3 | 7 | 0 | 0 | 0 | 0 | | | | | | | | | | | | | 450 | 158 | | | | 7 | 1 | 1 | 0 | 0 | 0 | 0 |
| 11 | 30 | | | 本月合计 | 250 | 158 | | | | 3 | 9 | 5 | 0 | 0 | 0 | 0 | 100 | 158 | | | | 1 | 5 | 8 | 0 | 0 | 0 | 0 | 450 | 158 | | | | 7 | 1 | 1 | 0 | 0 | 0 | 0 |
| 12 | 4 | 记 | 3 | 中吉销售出库 | | | | | | | | | | | | | 300 | 158 | | | | 4 | 7 | 4 | 0 | 0 | 0 | 0 | 150 | 158 | | | | 2 | 3 | 7 | 0 | 0 | 0 | 0 |
| 12 | 13 | 记 | 12 | 创联销售出库 | | | | | | | | | | | | | 120 | 158 | | | | 1 | 8 | 9 | 6 | 0 | 0 | 0 | 30 | 158 | | | | | 4 | 7 | 4 | 0 | 0 | 0 |
| | | | | | | | | | | | | | | | | | | | | | | | | | | | | | | | | | | | | | | | | |
| | | | | | | | | | | | | | | | | | | | | | | | | | | | | | | | | | | | | | | | | |
| | | | | | | | | | | | | | | | | | | | | | | | | | | | | | | | | | | | | | | | | |

## 库存商品明细账

分页　　总页

最高存量＿＿＿＿　　　　　编号、名称 08HX001惠普硒鼓

最低存量＿＿＿＿　储存天数＿＿＿＿　存放地点＿＿＿＿　计量单位 个　规格＿＿＿＿　类别＿＿＿＿

| 2013年 | | 凭证 | | 摘要 | 收入 | | | | | | | | | | | | 发出 | | | | | | | | | | | | 结存 | | | | | | | | | | | |
|---|---|---|---|---|---|---|---|---|---|---|---|---|---|---|---|---|---|---|---|---|---|---|---|---|---|---|---|---|---|---|---|---|---|---|---|---|---|---|---|---|
| | | | | | 数量 | 单价 | 金额 | | | | | | | | | | 数量 | 单价 | 金额 | | | | | | | | | | 数量 | 单价 | 金额 | | | | | | | | | |
| 月 | 日 | 种类 | 号数 | | | | 千 | 百 | 十 | 万 | 千 | 百 | 十 | 元 | 角 | 分 | | | 千 | 百 | 十 | 万 | 千 | 百 | 十 | 元 | 角 | 分 | | | 千 | 百 | 十 | 万 | 千 | 百 | 十 | 元 | 角 | 分 |
| 10 | 1 | | | 期初余额 | | | | | | | | | | | | | | | | | | | | | | | | | 300 | 300 | | | | 9 | 0 | 0 | 0 | 0 | 0 | 0 |
| 10 | 8 | 记 | 略 | 采购入库 | 200 | 300 | | | | 6 | 0 | 0 | 0 | 0 | 0 | 0 | | | | | | | | | | | | | 500 | 300 | | | 1 | 5 | 0 | 0 | 0 | 0 | 0 | 0 |
| 10 | 23 | 记 | 略 | 无忧销售出库 | | | | | | | | | | | | | 200 | 300 | | | | 6 | 0 | 0 | 0 | 0 | 0 | 0 | 300 | 300 | | | | 9 | 0 | 0 | 0 | 0 | 0 | 0 |
| 10 | 31 | | | 本月合计 | 200 | 300 | | | | 6 | 0 | 0 | 0 | 0 | 0 | 0 | 200 | 300 | | | | 6 | 0 | 0 | 0 | 0 | 0 | 0 | 300 | 300 | | | | 9 | 0 | 0 | 0 | 0 | 0 | 0 |
| 11 | 2 | 记 | 1# | 中吉销售出库 | | | | | | | | | | | | | 300 | 300 | | | | 9 | 0 | 0 | 0 | 0 | 0 | 0 | 0 | | | | | | | | | 0 | | |
| 11 | 30 | | | 本月合计 | | | | | | | | | | | | | 300 | 300 | | | | 9 | 0 | 0 | 0 | 0 | 0 | 0 | 0 | | | | | | | | | 0 | | |
| | | | | | | | | | | | | | | | | | | | | | | | | | | | | | | | | | | | | | | | | |
| | | | | | | | | | | | | | | | | | | | | | | | | | | | | | | | | | | | | | | | | |
| | | | | | | | | | | | | | | | | | | | | | | | | | | | | | | | | | | | | | | | | |

# 可供出售金融资产总账

科目： 1523

| 2013年 | | 凭证 | | 摘要 | 借方 | | | | | | | | | | 贷方 | | | | | | | | | | 借或贷 | 余额 | | | | | | | | | | √ |
|---|---|---|---|---|---|---|---|---|---|---|---|---|---|---|---|---|---|---|---|---|---|---|---|---|---|---|---|---|---|---|---|---|---|---|---|---|
| 月 | 日 | 种类 | 号数 | | 千 | 百 | 十 | 万 | 千 | 百 | 十 | 元 | 角 | 分 | 千 | 百 | 十 | 万 | 千 | 百 | 十 | 元 | 角 | 分 | | 千 | 百 | 十 | 万 | 千 | 百 | 十 | 元 | 角 | 分 | |
| 10 | 1 | | | 期初余额 | | | | | | | | | | | | | | | | | | | | | 借 | | | | 5 | 6 | 3 | 5 | 0 | 0 | 0 | |

# 固定资产明细账

明细科目： 办公家具

| 日期 | | | 凭证 | | 摘要 | 借方 | | | | | | | | | | 贷方 | | | | | | | | | | 借或贷 | 余额 | | | | | | | | | | √ |
|---|---|---|---|---|---|---|---|---|---|---|---|---|---|---|---|---|---|---|---|---|---|---|---|---|---|---|---|---|---|---|---|---|---|---|---|---|---|
| 年 | 月 | 日 | 种类 | 号数 | | 千 | 百 | 十 | 万 | 千 | 百 | 十 | 元 | 角 | 分 | 千 | 百 | 十 | 万 | 千 | 百 | 十 | 元 | 角 | 分 | | 千 | 百 | 十 | 万 | 千 | 百 | 十 | 元 | 角 | 分 | |
| 07 | 12 | 6 | 记 | 略 | 购买办公家具 | | | 4 | 0 | 0 | 0 | 0 | 0 | 0 | 0 | | | | | | | | | | | 借 | | | 4 | 0 | 0 | 0 | 0 | 0 | 0 | 0 | |

# 固定资产明细账

明细科目：运输设备

| 日期 | | | 凭证 | | 摘要 | 借方 | | | | | | | | | | 贷方 | | | | | | | | | | 借或贷 | 余额 | | | | | | | | | | ✓ |
|---|---|---|---|---|---|---|---|---|---|---|---|---|---|---|---|---|---|---|---|---|---|---|---|---|---|---|---|---|---|---|---|---|---|---|---|---|---|
| 年 | 月 | 日 | 种类 | 号数 | | 千 | 百 | 十 | 万 | 千 | 百 | 十 | 元 | 角 | 分 | 千 | 百 | 十 | 万 | 千 | 百 | 十 | 元 | 角 | 分 | | 千 | 百 | 十 | 万 | 千 | 百 | 十 | 元 | 角 | 分 | |
| 12 | 6 | 21 | 记 | 略 | 购买Delica面包车 | | | 1 | 5 | 6 | 0 | 0 | 0 | 0 | 0 | | | | | | | | | | | 借 | | | 1 | 5 | 6 | 0 | 0 | 0 | 0 | 0 | |

# 固定资产明细账

明细科目：电子设备

| 日期 | | | 凭证 | | 摘要 | 借方 | | | | | | | | | | 贷方 | | | | | | | | | | 借或贷 | 余额 | | | | | | | | | | ✓ |
|---|---|---|---|---|---|---|---|---|---|---|---|---|---|---|---|---|---|---|---|---|---|---|---|---|---|---|---|---|---|---|---|---|---|---|---|---|---|
| 年 | 月 | 日 | 种类 | 号数 | | 千 | 百 | 十 | 万 | 千 | 百 | 十 | 元 | 角 | 分 | 千 | 百 | 十 | 万 | 千 | 百 | 十 | 元 | 角 | 分 | | 千 | 百 | 十 | 万 | 千 | 百 | 十 | 元 | 角 | 分 | |
| 13 | 12 | 11 | 记 | 10 | 佳能高速复印机 | | | | 4 | 5 | 0 | 0 | 0 | 0 | 0 | | | | | | | | | | | 借 | | | | 4 | 5 | 0 | 0 | 0 | 0 | 0 | |

## 固定资产明细账

明细科目：房屋建筑

| 日期 | | | 凭证 | | 摘要 | 借方 | | | | | | | | | | 贷方 | | | | | | | | | | 借或贷 | 余额 | | | | | | | | | | √ |
|---|---|---|---|---|---|---|---|---|---|---|---|---|---|---|---|---|---|---|---|---|---|---|---|---|---|---|---|---|---|---|---|---|---|---|---|---|---|
| 年 | 月 | 日 | 种类 | 号数 | | 千 | 百 | 十 | 万 | 千 | 百 | 十 | 元 | 角 | 分 | 千 | 百 | 十 | 万 | 千 | 百 | 十 | 元 | 角 | 分 | | 千 | 百 | 十 | 万 | 千 | 百 | 十 | 元 | 角 | 分 | |
| 12 | 6 | 5 | 记 | 略 | 购买办公用房 | | | 8 | 3 | 8 | 5 | 0 | 0 | 0 | 0 | | | | | | | | | | | 借 | | | 8 | 3 | 8 | 5 | 0 | 0 | 0 | 0 | |

## 固定资产总账

科目：1601

| 2013年 | | 凭证 | | 摘要 | 借方 | | | | | | | | | | 贷方 | | | | | | | | | | 借或贷 | 余额 | | | | | | | | | | √ |
|---|---|---|---|---|---|---|---|---|---|---|---|---|---|---|---|---|---|---|---|---|---|---|---|---|---|---|---|---|---|---|---|---|---|---|---|---|
| 月 | 日 | 种类 | 号数 | | 千 | 百 | 十 | 万 | 千 | 百 | 十 | 元 | 角 | 分 | 千 | 百 | 十 | 万 | 千 | 百 | 十 | 元 | 角 | 分 | | 千 | 百 | 十 | 万 | 千 | 百 | 十 | 元 | 角 | 分 | |
| 10 | 1 | | | 期初余额 | | | | | | | | | | | | | | | | | | | | | 借 | | 1 | 3 | 9 | 4 | 5 | 0 | 0 | 0 | 0 | |
| 12 | 15 | 科汇 | 1 | 1–15日 | | | | 4 | 5 | 0 | 0 | 0 | 0 | 0 | | | | | | | | | | | 借 | | 1 | 4 | 3 | 9 | 5 | 0 | 0 | 0 | 0 | |

# 累计折旧

科目：　1602

| 2013年 月 | 日 | 凭证 种类 | 号数 | 摘要 | 借方 | 贷方 | 借或贷 | 余额 | √ |
|---|---|---|---|---|---|---|---|---|---|
| 10 | 1 | | | 期初余额 | | | 贷 | 52260625 | |
| 10 | 31 | 记 | 略 | 计提折旧 | | 609375 | 贷 | 52870000 | |
| 10 | 31 | | | 本月合计 | | 609375 | 贷 | 52870000 | |
| 11 | 30 | 记 | 23# | 计提折旧 | | 609375 | 贷 | 53479375 | |
| 11 | 30 | | | 本月合计 | | 609375 | 贷 | 53479375 | |

# 应付账款明细账

明细科目：　0001上海得欣

| 2013年 月 | 日 | 凭证 种类 | 号数 | 摘要 | 借方 | 贷方 | 借或贷 | 余额 | √ |
|---|---|---|---|---|---|---|---|---|---|
| 10 | 1 | | | 期初余额 | | | 贷 | 13829400 | |
| 10 | 5 | 记 | 略 | 电汇付款 | 13829400 | | 平 | 0 | |
| 10 | 8 | 记 | 略 | 采购发票#18251 | | 10717200 | 贷 | 10717200 | |
| 10 | 15 | 记 | 略 | 支付#18251 | 10717200 | | 平 | 0 | |
| 10 | 29 | 记 | 略 | 采购发票#18372 | | 7722000 | 贷 | 7722000 | |
| 10 | 29 | 记 | 略 | 支付#18372 | 7722000 | | 平 | 0 | |
| 10 | 31 | | | 本月合计 | 32268600 | 18439200 | 平 | 0 | |
| 11 | 5 | 记 | 3# | 采购发票#18524 | | 5709600 | 贷 | 5709600 | |
| 11 | 26 | 记 | 14# | 支付#18524 | 5709600 | | 平 | 0 | |
| 11 | 29 | 记 | 16# | 采购发票#18666 | | 10494900 | 贷 | 10494900 | |
| 11 | 30 | | | 本月合计 | 5709600 | 16204500 | 贷 | 10494900 | |
| 12 | 7 | 记 | 5 | 支付#18666 | 10494900 | | 平 | 0 | |

## 应付账款明细账

明细科目：0002南京满意100%

| 2013年 月 | 日 | 凭证 种类 | 号数 | 摘要 | 借方（千百十万千百十元角分） | 贷方（千百十万千百十元角分） | 借或贷 | 余额（千百十万千百十元角分） | √ |
|---|---|---|---|---|---|---|---|---|---|
| 10 | 1 | | | 期初余额 | | | 平 | 0 | |
| 12 | 11 | 记 | 10 | 发票#2255 | | 5265000 | 贷 | 5265000 | |
| 12 | 14 | 记 | 14 | 支付发票#2255 | 3500000 | | 贷 | 1765000 | |

## 应付账款总账

科目：2202

| 2013年 月 | 日 | 凭证 种类 | 号数 | 摘要 | 借方（千百十万千百十元角分） | 贷方（千百十万千百十元角分） | 借或贷 | 余额（千百十万千百十元角分） | √ |
|---|---|---|---|---|---|---|---|---|---|
| 10 | 1 | | | 期初余额 | | 13829400 | 贷 | 13829400 | |
| 10 | 15 | 科汇 | 1 | 1—15日 | 24546600 | 10717200 | 平 | 0 | |
| 10 | 30 | 科汇 | 2 | 16—31日 | 7722000 | 7722000 | 平 | 0 | |
| 10 | 31 | | | 本月合计 | 32268600 | 18439200 | 平 | 0 | |
| 11 | 15 | 科汇 | 1 | 1—15日 | 5709600 | 5709600 | 平 | 0 | |
| 11 | 29 | 科汇 | 2 | 16—30日 | | 10494900 | 贷 | 10494900 | |
| 11 | 30 | | | 本月合计 | 5709600 | 16204500 | 贷 | 10494900 | |
| 12 | 15 | 科汇 | 1 | 1—15日 | 13994900 | 5265000 | 贷 | 1765000 | |

## 应付职工薪酬明细账

明细科目： 0001工资

| 2013年 | | 凭证 | | 摘要 | 借方 | | | | | | | | | | 贷方 | | | | | | | | | | 借或贷 | 余额 | | | | | | | | | | √ |
|---|---|---|---|---|---|---|---|---|---|---|---|---|---|---|---|---|---|---|---|---|---|---|---|---|---|---|---|---|---|---|---|---|---|---|---|---|
| 月 | 日 | 种类 | 号数 | | 千 | 百 | 十 | 万 | 千 | 百 | 十 | 元 | 角 | 分 | 千 | 百 | 十 | 万 | 千 | 百 | 十 | 元 | 角 | 分 | | 千 | 百 | 十 | 万 | 千 | 百 | 十 | 元 | 角 | 分 | |
| 10 | 1 | | | 期初余额 | | | | | | | | | | | | | | | | | | | | | 平 | | | | | | | | 0 | | | |
| 10 | 31 | 记 | 略 | 计提10月份工资 | | | | | | | | | | | | | | 2 | 8 | 1 | 0 | 0 | 0 | 0 | 贷 | | | | 2 | 8 | 1 | 0 | 0 | 0 | 0 | |
| 10 | 31 | 记 | 略 | 发放10月份工资 | | | | 2 | 8 | 1 | 0 | 0 | 0 | 0 | | | | | | | | | | | 平 | | | | | | | | 0 | | | |
| 10 | 31 | | | 本月合计 | | | | 2 | 8 | 1 | 0 | 0 | 0 | 0 | | | | 2 | 8 | 1 | 0 | 0 | 0 | 0 | 平 | | | | | | | | 0 | | | |
| 11 | 30 | 记 | 18# | 计提11月份工资 | | | | | | | | | | | | | | 2 | 8 | 2 | 0 | 0 | 0 | 0 | 贷 | | | | 2 | 8 | 2 | 0 | 0 | 0 | 0 | |
| 11 | 30 | 记 | 21# | 发放11月份工资 | | | | 2 | 8 | 2 | 0 | 0 | 0 | 0 | | | | | | | | | | | 平 | | | | | | | | 0 | | | |
| 11 | 30 | | | 本月合计 | | | | 2 | 8 | 2 | 0 | 0 | 0 | 0 | | | | 2 | 8 | 2 | 0 | 0 | 0 | 0 | 平 | | | | | | | | 0 | | | |

## 应付职工薪酬明细账

明细科目：0002社会保险费

| 2013年 | | 凭证 | | 摘要 | 借方 | | | | | | | | | | 贷方 | | | | | | | | | | 借或贷 | 余额 | | | | | | | | | | √ |
|---|---|---|---|---|---|---|---|---|---|---|---|---|---|---|---|---|---|---|---|---|---|---|---|---|---|---|---|---|---|---|---|---|---|---|---|---|
| 月 | 日 | 种类 | 号数 | | 千 | 百 | 十 | 万 | 千 | 百 | 十 | 元 | 角 | 分 | 千 | 百 | 十 | 万 | 千 | 百 | 十 | 元 | 角 | 分 | | 千 | 百 | 十 | 万 | 千 | 百 | 十 | 元 | 角 | 分 | |
| 10 | 1 | | | 期初余额 | | | | | | | | | | | | | | | 7 | 8 | 4 | 3 | 0 | 0 | 贷 | | | | | 7 | 8 | 4 | 3 | 0 | 0 | |
| 10 | 16 | 记 | 略 | 上交9月份社会保险 | | | | | 7 | 8 | 4 | 3 | 0 | 0 | | | | | | | | | | | 平 | | | | | | | | 0 | | | |
| 10 | 31 | 记 | 略 | 计提10月份社会保险 | | | | | | | | | | | | | | | 7 | 8 | 4 | 3 | 0 | 0 | 贷 | | | | | 7 | 8 | 4 | 3 | 0 | 0 | |
| 10 | 31 | | | 本月合计 | | | | | 7 | 8 | 4 | 3 | 0 | 0 | | | | | 7 | 8 | 4 | 3 | 0 | 0 | 贷 | | | | | 7 | 8 | 4 | 3 | 0 | 0 | |
| 11 | 16 | 记 | 10# | 上交10月份社会保险 | | | | | 7 | 8 | 4 | 3 | 0 | 0 | | | | | | | | | | | 平 | | | | | | | | 0 | | | |
| 11 | 30 | 记 | 19# | 计提11月份社会保险 | | | | | | | | | | | | | | | 7 | 8 | 4 | 3 | 0 | 0 | 贷 | | | | | 7 | 8 | 4 | 3 | 0 | 0 | |
| 11 | 30 | | | 本月合计 | | | | | 7 | 8 | 4 | 3 | 0 | 0 | | | | | 7 | 8 | 4 | 3 | 0 | 0 | 贷 | | | | | 7 | 8 | 4 | 3 | 0 | 0 | |

## 应付职工薪酬明细账

明细科目：0003住房公积金

| 2013年 | | 凭证 | | 摘要 | 借方 | 贷方 | 借或贷 | 余额 | √ |
|---|---|---|---|---|---|---|---|---|---|
| 月 | 日 | 种类 | 号数 | | 千百十万千百十元角分 | 千百十万千百十元角分 | | 千百十万千百十元角分 | |
| 10 | 1 | | | 期初余额 | | 303600 | 贷 | 303600 | |
| 10 | 16 | 记 | 略 | 上交9月份住房公积金 | 303600 | | 平 | 0 | |
| 10 | 31 | 记 | 略 | 计提10月份住房公积金 | | 303600 | 贷 | 303600 | |
| 10 | 31 | | | 本月合计 | 303600 | 303600 | 贷 | 303600 | |
| 11 | 16 | 记 | 11# | 上交10月份住房公积金 | 303600 | | 平 | 0 | |
| 11 | 30 | 记 | 19# | 计提11月份住房公积金 | | 303600 | 贷 | 303600 | |
| 11 | 30 | | | 本月合计 | 303600 | 303600 | 贷 | 303600 | |

## 应付职工薪酬总账

科目： 2211

| 2013年 | | 凭证 | | 摘要 | 借方 | 贷方 | 借或贷 | 余额 | √ |
|---|---|---|---|---|---|---|---|---|---|
| 月 | 日 | 种类 | 号数 | | 千百十万千百十元角分 | 千百十万千百十元角分 | | 千百十万千百十元角分 | |
| 10 | 1 | | | 期初余额 | | 1087900 | 贷 | 1087900 | |
| 10 | 31 | 科汇 | 2 | 16—31日 | 3897900 | 3897900 | 贷 | 1087900 | |
| 10 | 31 | | | 本月合计 | 3897900 | 3897900 | 贷 | 1087900 | |
| 11 | 30 | 科汇 | 2 | 16—30日 | 3907900 | 3907900 | 贷 | 1087900 | |
| 11 | 30 | | | 本月合计 | 3907900 | 3907900 | 贷 | 1087900 | |

# 应交增值税明细账

| 2013年 | | 凭证 | | 摘要 | 借方 | | | | | 贷方 | | | | 借或贷 | 余额 |
|---|---|---|---|---|---|---|---|---|---|---|---|---|---|---|---|
| 月 | 日 | 种类 | 号数 | | 进项税额 | 已交税金 | 减免税款 | 出口抵减内销产品应纳税额 | 转出未交增值税 | 销项税额 | 进项税额转出 | 出口退税 | 转出多交增值税 | | |
| 10 | 8 | 记 | 略 | 采购进项 | 15572.00 | | | | | | | | | 借 | 15572.00 |
| 10 | 22 | 记 | 略 | 采购进项 | 11220.00 | | | | | | | | | 借 | 26792.00 |
| 10 | 23 | 记 | 略 | 销售销项 | | | | | | 22440.00 | | | | 借 | 4352.00 |
| 10 | 31 | | | 本月合计 | 26792.00 | | | | | 22440.00 | | | | 借 | 4352.00 |
| 11 | 2 | 记 | 1# | 销售销项 | | | | | | 23460.00 | | | | 贷 | 19108.00 |
| 11 | 5 | 记 | 2# | 销售销项 | | | | | | 15300.00 | | | | 贷 | 34408.00 |
| 11 | 5 | 记 | 3# | 采购进项 | 8296.00 | | | | | | | | | 贷 | 26112.00 |
| 11 | 6 | 记 | 4# | 销售退货 | | | | | | 6120.00 | | | | 贷 | 19992.00 |
| 11 | 27 | 记 | 15# | 销售销项 | | | | | | 3400.00 | | | | 贷 | 23392.00 |
| 11 | 29 | 记 | 16# | 采购进项 | 15249.00 | | | | | | | | | 贷 | 8143.00 |
| 11 | 30 | 记 | 17# | 转出未交增值税 | | | | | 8143.00 | | | | | 平 | 0 |
| 11 | 30 | | | 本月合计 | 23545.00 | | | | 8143.00 | 36040.00 | | | | 平 | 0 |
| 12 | 4 | 记 | 3 | 销售销项 | | | | | | 10200.00 | | | | 贷 | 10200.00 |
| 12 | 5 | 记 | 4 | 销售销项 | | | | | | 9180.00 | | | | 贷 | 19380.00 |
| 12 | 11 | 记 | 10 | 采购进项 | 7650.00 | | | | | | | | | 贷 | 11730.00 |
| 12 | 11 | 记 | 11 | 销售销项 | | | | | | 7650.00 | | | | 贷 | 19380.00 |
| 12 | 13 | 记 | 12 | 销售销项 | | | | | | 4080.00 | | | | 贷 | 23460.00 |

注:应交税费——应交增值税明细账的设置和登记请参阅第一部分以孔夫子公司11月份业务为例有关应交增值税明细账设置和入账的解释。

# 应交税费明细账

科目：　　　　0002未交增值税

| 2013年 | | 凭证 | | 摘要 | 借方 | | | | | | | | | | 贷方 | | | | | | | | | | 借或贷 | 余额 | | | | | | | | | | √ |
|---|---|---|---|---|---|---|---|---|---|---|---|---|---|---|---|---|---|---|---|---|---|---|---|---|---|---|---|---|---|---|---|---|---|---|---|---|
| 月 | 日 | 种类 | 号数 | | 千 | 百 | 十 | 万 | 千 | 百 | 十 | 元 | 角 | 分 | 千 | 百 | 十 | 万 | 千 | 百 | 十 | 元 | 角 | 分 | | 千 | 百 | 十 | 万 | 千 | 百 | 十 | 元 | 角 | 分 | |
| 10 | 1 | | | 期初余额 | | | | | | | | | | | | | | | | | | | | | 贷 | | | | | 4 | 5 | 2 | 0 | 0 | 0 | |
| 10 | 10 | 记 | 略 | 缴纳上月税款 | | | | | 4 | 5 | 2 | 0 | 0 | 0 | | | | | | | | | | | 平 | | | | | | | | 0 | | | |
| 10 | 31 | | | 本月合计 | | | | | 4 | 5 | 2 | 0 | 0 | 0 | | | | | | | | | | | 平 | | | | | | | | 0 | | | |
| 11 | 30 | 记 | 17# | 结转本月未交增值税 | | | | | | | | | | | | | | | 8 | 1 | 4 | 3 | 0 | 0 | 贷 | | | | | 8 | 1 | 4 | 3 | 0 | 0 | |
| 11 | 30 | | | 本月合计 | | | | | | | | | | | | | | | 8 | 1 | 4 | 3 | 0 | 0 | 贷 | | | | | 8 | 1 | 4 | 3 | 0 | 0 | |
| 12 | 10 | 记 | 7 | 缴纳上月税款 | | | | | 8 | 1 | 4 | 3 | 0 | 0 | | | | | | | | | | | 平 | | | | | | | | 0 | | | |

# 应交税费明细账

科目：0003应交城市维护建设税

| 2013年 | | 凭证 | | 摘要 | 借方 | | | | | | | | | | 贷方 | | | | | | | | | | 借或贷 | 余额 | | | | | | | | | | √ |
|---|---|---|---|---|---|---|---|---|---|---|---|---|---|---|---|---|---|---|---|---|---|---|---|---|---|---|---|---|---|---|---|---|---|---|---|---|
| 月 | 日 | 种类 | 号数 | | 千 | 百 | 十 | 万 | 千 | 百 | 十 | 元 | 角 | 分 | 千 | 百 | 十 | 万 | 千 | 百 | 十 | 元 | 角 | 分 | | 千 | 百 | 十 | 万 | 千 | 百 | 十 | 元 | 角 | 分 | |
| 10 | 1 | | | 期初余额 | | | | | | | | | | | | | | | | | | | | | 贷 | | | | | | 3 | 1 | 6 | 4 | 0 | |
| 10 | 10 | 记 | 略 | 缴纳上月税款 | | | | | | 3 | 1 | 6 | 4 | 0 | | | | | | | | | | | 平 | | | | | | | | 0 | | | |
| 10 | 31 | | | 本月合计 | | | | | | 3 | 1 | 6 | 4 | 0 | | | | | | | | | | | 平 | | | | | | | | 0 | | | |
| 11 | 30 | 记 | 22# | 计提本月城市维护建设税 | | | | | | | | | | | | | | | | 5 | 7 | 0 | 0 | 1 | 贷 | | | | | | 5 | 7 | 0 | 0 | 1 | |
| 11 | 30 | | | 本月合计 | | | | | | | | | | | | | | | | 5 | 7 | 0 | 0 | 1 | 贷 | | | | | | 5 | 7 | 0 | 0 | 1 | |
| 12 | 10 | 记 | 8 | 缴纳上月税款 | | | | | | 5 | 7 | 0 | 0 | 1 | | | | | | | | | | | 平 | | | | | | | | 0 | | | |

# 应交税费明细账

科目：　0004应交个人所得税

| 2013年 月 | 日 | 凭证 种类 | 号数 | 摘　要 | 借方（千百十万千百十元角分） | 贷方（千百十万千百十元角分） | 借或贷 | 余额（千百十万千百十元角分） | √ |
|---|---|---|---|---|---|---|---|---|---|
| 10 | 1 | | | 期初余额 | | | 贷 | 30000 | |
| 10 | 10 | 记 | 略 | 缴纳上月税款 | 30000 | | 平 | 0 | |
| 10 | 31 | 记 | 略 | 计提本月个人所得税 | | 29985 | 贷 | 29985 | |
| 10 | 31 | | | 本月合计 | 30000 | 29985 | 贷 | 29985 | |
| 11 | 10 | 记 | 7# | 缴纳上月税款 | 29985 | | 平 | 0 | |
| 11 | 30 | 记 | 21# | 计提本月个人所得税 | | 30285 | 贷 | 30285 | |
| 11 | 30 | | | 本月合计 | 29985 | 30285 | 贷 | 30285 | |
| 12 | 10 | 记 | 8 | 缴纳上月税款 | 30285 | | 平 | 0 | |

# 应交税费明细账

科目：　0005应交教育费附加

| 2013年 月 | 日 | 凭证 种类 | 号数 | 摘　要 | 借方（千百十万千百十元角分） | 贷方（千百十万千百十元角分） | 借或贷 | 余额（千百十万千百十元角分） | √ |
|---|---|---|---|---|---|---|---|---|---|
| 10 | 1 | | | 期初余额 | | | 贷 | 13560 | |
| 10 | 10 | 记 | 略 | 缴纳上月税款 | 13560 | | 平 | 0 | |
| 10 | 31 | | | 本月合计 | 13560 | | 平 | 0 | |
| 11 | 30 | 记 | 22# | 计提本月教育费附加 | | 24429 | 贷 | 24429 | |
| 11 | 30 | | | 本月合计 | | 24429 | 贷 | 24429 | |
| 12 | 10 | 记 | 8 | 缴纳上月税款 | 24429 | | 平 | 0 | |

## 应交税费明细账

科目：　　0006应交所得税

| 2013年 | | 凭证 | | 摘要 | 借方 | | | | | | | | | | 贷方 | | | | | | | | | | 借或贷 | 余额 | | | | | | | | | | √ |
|---|---|---|---|---|---|---|---|---|---|---|---|---|---|---|---|---|---|---|---|---|---|---|---|---|---|---|---|---|---|---|---|---|---|---|---|---|
| 月 | 日 | 种类 | 号数 | | 千 | 百 | 十 | 万 | 千 | 百 | 十 | 元 | 角 | 分 | 千 | 百 | 十 | 万 | 千 | 百 | 十 | 元 | 角 | 分 | | 千 | 百 | 十 | 万 | 千 | 百 | 十 | 元 | 角 | 分 | |
| 10 | 1 | | | 期初余额 | | | | | | | | | | | | | | | | | | | | | 贷 | | | | 1 | 3 | 3 | 5 | 0 | 0 | 0 | |
| 10 | 10 | 记 | 略 | 缴纳上季度所得税 | | | | 1 | 3 | 3 | 5 | 0 | 0 | 0 | | | | | | | | | | | 平 | | | | | | | | 0 | | | |
| 10 | 31 | | | 本月合计 | | | | 1 | 3 | 3 | 5 | 0 | 0 | 0 | | | | | | | | | | | 平 | | | | | | | | 0 | | | |

## 应交税费总账

科目：　2221

| 2013年 | | 凭证 | | 摘要 | 借方 | | | | | | | | | | 贷方 | | | | | | | | | | 借或贷 | 余额 | | | | | | | | | | √ |
|---|---|---|---|---|---|---|---|---|---|---|---|---|---|---|---|---|---|---|---|---|---|---|---|---|---|---|---|---|---|---|---|---|---|---|---|---|
| 月 | 日 | 种类 | 号数 | | 千 | 百 | 十 | 万 | 千 | 百 | 十 | 元 | 角 | 分 | 千 | 百 | 十 | 万 | 千 | 百 | 十 | 元 | 角 | 分 | | 千 | 百 | 十 | 万 | 千 | 百 | 十 | 元 | 角 | 分 | |
| 10 | 1 | | | 期初余额 | | | | | | | | | | | | | | | | | | | | | 贷 | | | | 1 | 8 | 6 | 2 | 2 | 0 | 0 | |
| 10 | 15 | 科汇 | 1 | 1—15日科汇 | | | | 3 | 4 | 1 | 9 | 4 | 0 | 0 | | | | | | | | | | | 借 | | | | 1 | 5 | 5 | 7 | 2 | 0 | 0 | |
| 10 | 31 | 科汇 | 2 | 16—31日科汇 | | | | 1 | 1 | 2 | 2 | 0 | 0 | 0 | | | | 2 | 2 | 7 | 3 | 9 | 8 | 5 | 借 | | | | | 4 | 0 | 5 | 2 | 1 | 5 | |
| 10 | 31 | | | 本月合计 | | | | 4 | 5 | 4 | 1 | 4 | 0 | 0 | | | | 2 | 2 | 7 | 3 | 9 | 8 | 5 | 借 | | | | | 4 | 0 | 5 | 2 | 1 | 5 | |
| 11 | 15 | 科汇 | 1 | 1–15日科汇 | | | | | 8 | 5 | 9 | 5 | 8 | 5 | | | | 3 | 2 | 6 | 4 | 0 | 0 | 0 | 贷 | | | | 1 | 9 | 9 | 9 | 2 | 0 | 0 | |
| 11 | 30 | 科汇 | 2 | 16—30日科汇 | | | | 2 | 3 | 3 | 9 | 2 | 0 | 0 | | | | 1 | 2 | 6 | 6 | 0 | 1 | 5 | 贷 | | | | | 9 | 2 | 6 | 0 | 1 | 5 | |
| 11 | 30 | | | 本月合计 | | | | 3 | 1 | 9 | 8 | 7 | 8 | 5 | | | | 4 | 5 | 3 | 0 | 0 | 1 | 5 | 贷 | | | | | 9 | 2 | 6 | 0 | 1 | 5 | |
| 12 | 15 | 科汇 | 1 | 1—15日科汇 | | | | 1 | 6 | 9 | 1 | 0 | 1 | 5 | | | | 3 | 1 | 1 | 1 | 0 | 0 | 0 | 贷 | | | | 2 | 3 | 4 | 6 | 0 | 0 | 0 | |

## 其他应付款明细账

明细科目：0001代缴个人社会保险费

| 2013年 |  | 凭证 |  | 摘要 | 借方 |  |  |  |  |  |  |  |  |  | 贷方 |  |  |  |  |  |  |  |  |  | 借或贷 | 余额 |  |  |  |  |  |  |  |  |  | ✓ |
|---|---|---|---|---|---|---|---|---|---|---|---|---|---|---|---|---|---|---|---|---|---|---|---|---|---|---|---|---|---|---|---|---|---|---|---|---|
| 月 | 日 | 种类 | 号数 |  | 千 | 百 | 十 | 万 | 千 | 百 | 十 | 元 | 角 | 分 | 千 | 百 | 十 | 万 | 千 | 百 | 十 | 元 | 角 | 分 |  | 千 | 百 | 十 | 万 | 千 | 百 | 十 | 元 | 角 | 分 |  |
| 10 | 1 |  |  | 期初余额 |  |  |  |  |  |  |  |  |  |  |  |  |  |  | 2 | 7 | 8 | 3 | 0 | 0 | 贷 |  |  |  |  | 2 | 7 | 8 | 3 | 0 | 0 |  |
| 10 | 16 | 记 | 略 | 上交9月份社会保险费 |  |  |  |  | 2 | 7 | 8 | 3 | 0 | 0 |  |  |  |  |  |  |  |  |  |  | 平 |  |  |  |  |  |  |  | 0 |  |  |  |
| 10 | 31 | 记 | 略 | 发放10月份工资 |  |  |  |  |  |  |  |  |  |  |  |  |  |  | 2 | 7 | 8 | 3 | 0 | 0 | 贷 |  |  |  |  | 2 | 7 | 8 | 3 | 0 | 0 |  |
| 10 | 31 |  |  | 本月合计 |  |  |  |  | 2 | 7 | 8 | 3 | 0 | 0 |  |  |  |  | 2 | 7 | 8 | 3 | 0 | 0 | 贷 |  |  |  |  | 2 | 7 | 8 | 3 | 0 | 0 |  |
| 11 | 16 | 记 | 10# | 上交10月份社会保险费 |  |  |  |  | 2 | 7 | 8 | 3 | 0 | 0 |  |  |  |  |  |  |  |  |  |  | 平 |  |  |  |  |  |  |  | 0 |  |  |  |
| 11 | 30 | 记 | 21# | 发放11月份工资 |  |  |  |  |  |  |  |  |  |  |  |  |  |  | 2 | 7 | 8 | 3 | 0 | 0 | 贷 |  |  |  |  | 2 | 7 | 8 | 3 | 0 | 0 |  |
| 11 | 30 |  |  | 本月合计 |  |  |  |  | 2 | 7 | 8 | 3 | 0 | 0 |  |  |  |  | 2 | 7 | 8 | 3 | 0 | 0 | 贷 |  |  |  |  | 2 | 7 | 8 | 3 | 0 | 0 |  |

## 其他应付款明细账

明细科目：0002代缴个人住房公积金

| 2013年 |  | 凭证 |  | 摘要 | 借方 |  |  |  |  |  |  |  |  |  | 贷方 |  |  |  |  |  |  |  |  |  | 借或贷 | 余额 |  |  |  |  |  |  |  |  |  | ✓ |
|---|---|---|---|---|---|---|---|---|---|---|---|---|---|---|---|---|---|---|---|---|---|---|---|---|---|---|---|---|---|---|---|---|---|---|---|---|
| 月 | 日 | 种类 | 号数 |  | 千 | 百 | 十 | 万 | 千 | 百 | 十 | 元 | 角 | 分 | 千 | 百 | 十 | 万 | 千 | 百 | 十 | 元 | 角 | 分 |  | 千 | 百 | 十 | 万 | 千 | 百 | 十 | 元 | 角 | 分 |  |
| 10 | 1 |  |  | 期初余额 |  |  |  |  |  |  |  |  |  |  |  |  |  |  | 3 | 0 | 3 | 6 | 0 | 0 | 贷 |  |  |  |  | 3 | 0 | 3 | 6 | 0 | 0 |  |
| 10 | 16 | 记 | 略 | 上交9月份个人住房公积金 |  |  |  |  | 3 | 0 | 3 | 6 | 0 | 0 |  |  |  |  |  |  |  |  |  |  | 平 |  |  |  |  |  |  |  | 0 |  |  |  |
| 10 | 31 | 记 | 略 | 发放10月份工资 |  |  |  |  |  |  |  |  |  |  |  |  |  |  | 3 | 0 | 3 | 6 | 0 | 0 | 贷 |  |  |  |  | 3 | 0 | 3 | 6 | 0 | 0 |  |
| 10 | 31 |  |  | 本月合计 |  |  |  |  | 3 | 0 | 3 | 6 | 0 | 0 |  |  |  |  | 3 | 0 | 3 | 6 | 0 | 0 | 贷 |  |  |  |  | 3 | 0 | 3 | 6 | 0 | 0 |  |
| 11 | 16 | 记 | 11# | 上交10月份住房公积金 |  |  |  |  | 3 | 0 | 3 | 6 | 0 | 0 |  |  |  |  |  |  |  |  |  |  | 平 |  |  |  |  |  |  |  | 0 |  |  |  |
| 11 | 30 | 记 | 21# | 发放11月份工资 |  |  |  |  |  |  |  |  |  |  |  |  |  |  | 3 | 0 | 3 | 6 | 0 | 0 | 贷 |  |  |  |  | 3 | 0 | 3 | 6 | 0 | 0 |  |
| 11 | 30 |  |  | 本月合计 |  |  |  |  | 3 | 0 | 3 | 6 | 0 | 0 |  |  |  |  | 3 | 0 | 3 | 6 | 0 | 0 | 贷 |  |  |  |  | 3 | 0 | 3 | 6 | 0 | 0 |  |

## 其他应付款总账

科目： 2241

| 2013年 | | 凭证 | | 摘要 | 借方 | | | | | | | | | | 贷方 | | | | | | | | | | 借或贷 | 余额 | | | | | | | | | | √ |
|---|---|---|---|---|---|---|---|---|---|---|---|---|---|---|---|---|---|---|---|---|---|---|---|---|---|---|---|---|---|---|---|---|---|---|---|---|
| 月 | 日 | 种类 | 号数 | | 千 | 百 | 十 | 万 | 千 | 百 | 十 | 元 | 角 | 分 | 千 | 百 | 十 | 万 | 千 | 百 | 十 | 元 | 角 | 分 | | 千 | 百 | 十 | 万 | 千 | 百 | 十 | 元 | 角 | 分 | |
| 10 | 1 | | | 期初余额 | | | | | | | | | | | | | | | 5 | 8 | 1 | 9 | 0 | 0 | 贷 | | | | | 5 | 8 | 1 | 9 | 0 | 0 | |
| 10 | 31 | 科汇 | 2 | 16—31日 | | | | | 5 | 8 | 1 | 9 | 0 | 0 | | | | | 5 | 8 | 1 | 9 | 0 | 0 | 贷 | | | | | 5 | 8 | 1 | 9 | 0 | 0 | |
| 10 | 31 | | | 本月合计 | | | | | 5 | 8 | 1 | 9 | 0 | 0 | | | | | 5 | 8 | 1 | 9 | 0 | 0 | 贷 | | | | | 5 | 8 | 1 | 9 | 0 | 0 | |
| 11 | 30 | 科汇 | 2 | 16—30日 | | | | | 5 | 8 | 1 | 9 | 0 | 0 | | | | | 5 | 8 | 1 | 9 | 0 | 0 | 贷 | | | | | 5 | 8 | 1 | 9 | 0 | 0 | |
| 11 | 30 | | | 本月合计 | | | | | 5 | 8 | 1 | 9 | 0 | 0 | | | | | 5 | 8 | 1 | 9 | 0 | 0 | 贷 | | | | | 5 | 8 | 1 | 9 | 0 | 0 | |

## 实收资本总账

科目： 4001

| 2013年 | | 凭证 | | 摘要 | 借方 | | | | | | | | | | 贷方 | | | | | | | | | | 借或贷 | 余额 | | | | | | | | | | √ |
|---|---|---|---|---|---|---|---|---|---|---|---|---|---|---|---|---|---|---|---|---|---|---|---|---|---|---|---|---|---|---|---|---|---|---|---|---|
| 月 | 日 | 种类 | 号数 | | 千 | 百 | 十 | 万 | 千 | 百 | 十 | 元 | 角 | 分 | 千 | 百 | 十 | 万 | 千 | 百 | 十 | 元 | 角 | 分 | | 千 | 百 | 十 | 万 | 千 | 百 | 十 | 元 | 角 | 分 | |
| 10 | 1 | | | 期初余额 | | | | | | | | | | | | | | | | | | | | | 贷 | | | 5 | 0 | 0 | 0 | 0 | 0 | 0 | 0 | |

# 资本公积总账

科目： 4002

| 2013年 | | 凭证 | | 摘要 | 借方 | | | | | | | | | | 贷方 | | | | | | | | | | 借或贷 | 余额 | | | | | | | | | | √ |
|---|---|---|---|---|---|---|---|---|---|---|---|---|---|---|---|---|---|---|---|---|---|---|---|---|---|---|---|---|---|---|---|---|---|---|---|---|
| 月 | 日 | 种类 | 号数 | | 千 | 百 | 十 | 万 | 千 | 百 | 十 | 元 | 角 | 分 | 千 | 百 | 十 | 万 | 千 | 百 | 十 | 元 | 角 | 分 | | 千 | 百 | 十 | 万 | 千 | 百 | 十 | 元 | 角 | 分 | |
| 10 | 1 | | | 期初余额 | | | | | | | | | | | | | | | | | | | | | 贷 | | | | 8 | 9 | 7 | 0 | 0 | 0 | 0 | |
| | | | | | | | | | | | | | | | | | | | | | | | | | | | | | | | | | | | | |
| | | | | | | | | | | | | | | | | | | | | | | | | | | | | | | | | | | | | |
| | | | | | | | | | | | | | | | | | | | | | | | | | | | | | | | | | | | | |
| | | | | | | | | | | | | | | | | | | | | | | | | | | | | | | | | | | | | |
| | | | | | | | | | | | | | | | | | | | | | | | | | | | | | | | | | | | | |
| | | | | | | | | | | | | | | | | | | | | | | | | | | | | | | | | | | | | |
| | | | | | | | | | | | | | | | | | | | | | | | | | | | | | | | | | | | | |

# 盈余公积总账

科目： 4101

| 2013年 | | 凭证 | | 摘要 | 借方 | | | | | | | | | | 贷方 | | | | | | | | | | 借或贷 | 余额 | | | | | | | | | | √ |
|---|---|---|---|---|---|---|---|---|---|---|---|---|---|---|---|---|---|---|---|---|---|---|---|---|---|---|---|---|---|---|---|---|---|---|---|---|
| 月 | 日 | 种类 | 号数 | | 千 | 百 | 十 | 万 | 千 | 百 | 十 | 元 | 角 | 分 | 千 | 百 | 十 | 万 | 千 | 百 | 十 | 元 | 角 | 分 | | 千 | 百 | 十 | 万 | 千 | 百 | 十 | 元 | 角 | 分 | |
| 10 | 1 | | | 期初余额 | | | | | | | | | | | | | | | | | | | | | 贷 | | | 1 | 3 | 5 | 9 | 8 | 0 | 0 | 0 | |
| | | | | | | | | | | | | | | | | | | | | | | | | | | | | | | | | | | | | |
| | | | | | | | | | | | | | | | | | | | | | | | | | | | | | | | | | | | | |
| | | | | | | | | | | | | | | | | | | | | | | | | | | | | | | | | | | | | |
| | | | | | | | | | | | | | | | | | | | | | | | | | | | | | | | | | | | | |
| | | | | | | | | | | | | | | | | | | | | | | | | | | | | | | | | | | | | |
| | | | | | | | | | | | | | | | | | | | | | | | | | | | | | | | | | | | | |
| | | | | | | | | | | | | | | | | | | | | | | | | | | | | | | | | | | | | |
| | | | | | | | | | | | | | | | | | | | | | | | | | | | | | | | | | | | | |
| | | | | | | | | | | | | | | | | | | | | | | | | | | | | | | | | | | | | |
| | | | | | | | | | | | | | | | | | | | | | | | | | | | | | | | | | | | | |

# 本年利润明细账

科目：4103

| 13年 | | 凭证 | | 摘要 | 借方发生额 | | | 贷方发生额 | | | 借或贷 | 余额 | √ |
|---|---|---|---|---|---|---|---|---|---|---|---|---|---|
| 月 | 日 | 种类 | 号数 | | 成本费用 | 转出净利润 | 合计 | 收入 | 转出净利润 | 合计 | | | |
| 10 | 1 | | | 期初余额 | | | | | | | 贷 | 121 260.00 | |
| 10 | 31 | 记 | 略 | 结转销售收入 | | | | 132 000.00 | | 132 000.00 | 贷 | 253 260.00 | |
| 10 | 31 | 记 | 略 | 结转成本费用等 | 137 027.75 | | 137 027.75 | | | | 贷 | 116 232.25 | |
| 10 | 31 | | | 本月合计 | 137 027.75 | | 137 027.75 | 132 000.00 | | 132 000.00 | 贷 | 116 232.25 | |
| 11 | 30 | 记 | 24# | 结转销售收入 | | | | 212 000.00 | | 212 000.00 | 贷 | 328 232.25 | |
| 11 | 30 | 记 | 25# | 结转成本费用等 | 191 760.05 | | 191 760.05 | | | | 贷 | 136 472.20 | |
| 11 | 30 | | | 本月合计 | 191 760.05 | | 191 760.05 | 212 000.00 | | 212 000.00 | 贷 | 136 472.20 | |

# 本年利润总账

科目：4103

| 2013年 | | 凭证 | | 摘要 | 借方（千百十万千百十元角分） | 贷方（千百十万千百十元角分） | 借或贷 | 余额（千百十万千百十元角分） | √ |
|---|---|---|---|---|---|---|---|---|---|
| 月 | 日 | 种类 | 号数 | | | | | | |
| 10 | 1 | | | 期初余额 | | | 贷 | 12126000 | |
| 10 | 31 | 科汇 | 2 | 16—31日 | 13702775 | 13200000 | 贷 | 11623225 | |
| 10 | 31 | | | 本月汇总 | 13702775 | 13200000 | 贷 | 11623225 | |
| 11 | 30 | 科汇 | 2 | 16—30日 | 19176005 | 21200000 | 贷 | 13647220 | |
| 11 | 30 | | | 本月汇总 | 19176005 | 21200000 | 贷 | 13647220 | |

## 利润分配明细账

明细科目：410401未分配利润

| 2013年 | | 凭证 | | 摘要 | 借方 | | | | | | | | | | 贷方 | | | | | | | | | | 借或贷 | 余额 | | | | | | | | | | √ |
|---|---|---|---|---|---|---|---|---|---|---|---|---|---|---|---|---|---|---|---|---|---|---|---|---|---|---|---|---|---|---|---|---|---|---|---|---|
| 月 | 日 | 种类 | 号数 | | 千 | 百 | 十 | 万 | 千 | 百 | 十 | 元 | 角 | 分 | 千 | 百 | 十 | 万 | 千 | 百 | 十 | 元 | 角 | 分 | | 千 | 百 | 十 | 万 | 千 | 百 | 十 | 元 | 角 | 分 | |
| 10 | 1 | | | 期初余额 | | | | | | | | | | | | | | | | | | | | | 贷 | | | 5 | 2 | 7 | 4 | 3 | 9 | 7 | 5 | |
| | | | | | | | | | | | | | | | | | | | | | | | | | | | | | | | | | | | | |
| | | | | | | | | | | | | | | | | | | | | | | | | | | | | | | | | | | | | |
| | | | | | | | | | | | | | | | | | | | | | | | | | | | | | | | | | | | | |
| | | | | | | | | | | | | | | | | | | | | | | | | | | | | | | | | | | | | |
| | | | | | | | | | | | | | | | | | | | | | | | | | | | | | | | | | | | | |
| | | | | | | | | | | | | | | | | | | | | | | | | | | | | | | | | | | | | |
| | | | | | | | | | | | | | | | | | | | | | | | | | | | | | | | | | | | | |
| | | | | | | | | | | | | | | | | | | | | | | | | | | | | | | | | | | | | |
| | | | | | | | | | | | | | | | | | | | | | | | | | | | | | | | | | | | | |
| | | | | | | | | | | | | | | | | | | | | | | | | | | | | | | | | | | | | |
| | | | | | | | | | | | | | | | | | | | | | | | | | | | | | | | | | | | | |
| | | | | | | | | | | | | | | | | | | | | | | | | | | | | | | | | | | | | |
| | | | | | | | | | | | | | | | | | | | | | | | | | | | | | | | | | | | | |
| | | | | | | | | | | | | | | | | | | | | | | | | | | | | | | | | | | | | |

## 利润分配总账

科目：4104

| 2013年 | | 凭证 | | 摘要 | 借方 | | | | | | | | | | 贷方 | | | | | | | | | | 借或贷 | 余额 | | | | | | | | | | √ |
|---|---|---|---|---|---|---|---|---|---|---|---|---|---|---|---|---|---|---|---|---|---|---|---|---|---|---|---|---|---|---|---|---|---|---|---|---|
| 月 | 日 | 种类 | 号数 | | 千 | 百 | 十 | 万 | 千 | 百 | 十 | 元 | 角 | 分 | 千 | 百 | 十 | 万 | 千 | 百 | 十 | 元 | 角 | 分 | | 千 | 百 | 十 | 万 | 千 | 百 | 十 | 元 | 角 | 分 | |
| 10 | 1 | | | 期初余额 | | | | | | | | | | | | | | | | | | | | | 贷 | | | 5 | 2 | 7 | 4 | 3 | 9 | 7 | 5 | |
| | | | | | | | | | | | | | | | | | | | | | | | | | | | | | | | | | | | | |
| | | | | | | | | | | | | | | | | | | | | | | | | | | | | | | | | | | | | |
| | | | | | | | | | | | | | | | | | | | | | | | | | | | | | | | | | | | | |
| | | | | | | | | | | | | | | | | | | | | | | | | | | | | | | | | | | | | |
| | | | | | | | | | | | | | | | | | | | | | | | | | | | | | | | | | | | | |
| | | | | | | | | | | | | | | | | | | | | | | | | | | | | | | | | | | | | |
| | | | | | | | | | | | | | | | | | | | | | | | | | | | | | | | | | | | | |
| | | | | | | | | | | | | | | | | | | | | | | | | | | | | | | | | | | | | |
| | | | | | | | | | | | | | | | | | | | | | | | | | | | | | | | | | | | | |
| | | | | | | | | | | | | | | | | | | | | | | | | | | | | | | | | | | | | |
| | | | | | | | | | | | | | | | | | | | | | | | | | | | | | | | | | | | | |
| | | | | | | | | | | | | | | | | | | | | | | | | | | | | | | | | | | | | |
| | | | | | | | | | | | | | | | | | | | | | | | | | | | | | | | | | | | | |
| | | | | | | | | | | | | | | | | | | | | | | | | | | | | | | | | | | | | |
| | | | | | | | | | | | | | | | | | | | | | | | | | | | | | | | | | | | | |
| | | | | | | | | | | | | | | | | | | | | | | | | | | | | | | | | | | | | |

# 主营业务收入明细账

| 2013年 月 | 日 | 凭单号 | 摘要 | 借方 | 贷方 | 借或贷 | 余额 | 借（贷）方金额分析 1001惠普硒鼓 | 1002惠普墨盒 | 2001爱普生硒鼓 | 2002爱普生墨盒 | | |
|---|---|---|---|---|---|---|---|---|---|---|---|---|---|
| 10 | 1 | | 1—9月累计发生额(略) | | 18215000 | 平 | 0 | | | | | | |
| 10 | 23 | 略 | 无忧销售 | | 1320000 | 贷 | 1320000 | 920000 | 400000 | | | | |
| 10 | 31 | 略 | 结转收入 | 1320000 | | 平 | 0 | 920000 | 400000 | | | | |
| 10 | 31 | | 本月合计 | 1320000 | 1320000 | 平 | 0 | | | | | | |
| 10 | 31 | | 本年累计(略) | | 19535000 | 平 | 0 | | | | | | |
| 11 | 2 | 记1# | 中吉销售 | | 1380000 | 贷 | 1380000 | 1380000 | | | | | |
| 11 | 5 | 记2# | 创联销售 | | 900000 | 贷 | 2280000 | | | 580000 | 320000 | | |
| 11 | 6 | 记4# | 创联退货 | | 360000 | 贷 | 1920000 | | | 232000 | 128000 | | |
| 11 | 27 | 记15# | 昆山销售 | | 200000 | 贷 | 2120000 | | 200000 | | | | |
| 11 | 30 | 记24# | 结转收入 | 2120000 | | 平 | 0 | 1380000 | 200000 | 348000 | 192000 | | |
| 11 | 30 | | 本月合计 | 2120000 | 2120000 | 平 | 0 | | | | | | |
| 11 | 30 | | 本年累计(略) | | 21655000 | 平 | 0 | | | | | | |
| 12 | 4 | 记3 | 中吉销售 | | 600000 | 贷 | 600000 | | 600000 | | | | |
| 12 | 5 | 记4 | 创联销售 | | 540000 | 贷 | 1140000 | | | 348000 | 192000 | | |
| 12 | 11 | 记11 | 中吉销售 | | 450000 | 贷 | 1590000 | | | 290000 | 160000 | | |
| 12 | 13 | 记12 | 创联销售 | | 240000 | 贷 | 1830000 | | 240000 | | | | |

## 主营业务收入总账

科目：6001

| 2013年 | | 凭证 | | 摘要 | 借方 | | | | | | | | | | 贷方 | | | | | | | | | | 借或贷 | 余额 | | | | | | | | | | √ |
|---|---|---|---|---|---|---|---|---|---|---|---|---|---|---|---|---|---|---|---|---|---|---|---|---|---|---|---|---|---|---|---|---|---|---|---|---|
| 月 | 日 | 种类 | 号数 | | 千 | 百 | 十 | 万 | 千 | 百 | 十 | 元 | 角 | 分 | 千 | 百 | 十 | 万 | 千 | 百 | 十 | 元 | 角 | 分 | | 千 | 百 | 十 | 万 | 千 | 百 | 十 | 元 | 角 | 分 | |
| 10 | 1 | | | 1—9月累计发生额（略） | | 1 | 8 | 2 | 1 | 5 | 0 | 0 | 0 | 0 | | 1 | 8 | 2 | 1 | 5 | 0 | 0 | 0 | 0 | 平 | | | | | | | | 0 | | | |
| 10 | 30 | 科汇 | 2 | 16—30日汇总 | | | 1 | 3 | 2 | 0 | 0 | 0 | 0 | 0 | | | 1 | 3 | 2 | 0 | 0 | 0 | 0 | 0 | 平 | | | | | | | | 0 | | | |
| 10 | 31 | | | 本月汇总 | | | 1 | 3 | 2 | 0 | 0 | 0 | 0 | 0 | | | 1 | 3 | 2 | 0 | 0 | 0 | 0 | 0 | 平 | | | | | | | | 0 | | | |
| 10 | 31 | | | 本年累计（略） | | 1 | 9 | 5 | 3 | 5 | 0 | 0 | 0 | 0 | | 1 | 9 | 5 | 3 | 5 | 0 | 0 | 0 | 0 | 平 | | | | | | | | 0 | | | |
| 11 | 15 | 科汇 | 1 | 1—15日汇总 | | | | | | | | | | | | | 1 | 9 | 2 | 0 | 0 | 0 | 0 | 0 | 贷 | | | 1 | 9 | 2 | 0 | 0 | 0 | 0 | 0 | |
| 11 | 30 | 科汇 | 2 | 16—30日汇总 | | | 2 | 1 | 2 | 0 | 0 | 0 | 0 | 0 | | | | 2 | 0 | 0 | 0 | 0 | 0 | 0 | 平 | | | | | | | | 0 | | | |
| 11 | 30 | | | 本月合计 | | | 2 | 1 | 2 | 0 | 0 | 0 | 0 | 0 | | | 2 | 1 | 2 | 0 | 0 | 0 | 0 | 0 | 平 | | | | | | | | 0 | | | |
| 11 | 30 | | | 本年累计（略） | | 2 | 1 | 6 | 5 | 5 | 0 | 0 | 0 | 0 | | 2 | 1 | 6 | 5 | 5 | 0 | 0 | 0 | 0 | 平 | | | | | | | | 0 | | | |
| 12 | 15 | 科汇 | 1 | 1—15日汇总 | | | | | | | | | | | | | 1 | 8 | 3 | 0 | 0 | 0 | 0 | 0 | 贷 | | | 1 | 8 | 3 | 0 | 0 | 0 | 0 | 0 | |
| | | | | | | | | | | | | | | | | | | | | | | | | | | | | | | | | | | | | |
| | | | | | | | | | | | | | | | | | | | | | | | | | | | | | | | | | | | | |
| | | | | | | | | | | | | | | | | | | | | | | | | | | | | | | | | | | | | |

## 主营业务成本总账

科目：6401

| 2013年 | | 凭证 | | 摘要 | 借方 | | | | | | | | | | 贷方 | | | | | | | | | | 借或贷 | 余额 | | | | | | | | | | √ |
|---|---|---|---|---|---|---|---|---|---|---|---|---|---|---|---|---|---|---|---|---|---|---|---|---|---|---|---|---|---|---|---|---|---|---|---|---|
| 月 | 日 | 种类 | 号数 | | 千 | 百 | 十 | 万 | 千 | 百 | 十 | 元 | 角 | 分 | 千 | 百 | 十 | 万 | 千 | 百 | 十 | 元 | 角 | 分 | | 千 | 百 | 十 | 万 | 千 | 百 | 十 | 元 | 角 | 分 | |
| 10 | 1 | | | 1—9月份累计发生额 | | 1 | 2 | 2 | 0 | 0 | 0 | 0 | 0 | 0 | | | 1 | 2 | 2 | 0 | 0 | 0 | 0 | 0 | 平 | | | | | | | | 0 | | | |
| 10 | 30 | 科汇 | 2 | 16—31日 | | | | 9 | 1 | 6 | 0 | 0 | 0 | 0 | | | | 9 | 1 | 6 | 0 | 0 | 0 | 0 | 平 | | | | | | | | 0 | | | |
| 10 | 31 | | | 本月合计 | | | | 9 | 1 | 6 | 0 | 0 | 0 | 0 | | | | 9 | 1 | 6 | 0 | 0 | 0 | 0 | 平 | | | | | | | | 0 | | | |
| 10 | 31 | | | 本年累计（略） | | 1 | 3 | 1 | 1 | 6 | 0 | 0 | 0 | 0 | | | 1 | 3 | 1 | 1 | 6 | 0 | 0 | 0 | 平 | | | | | | | | 0 | | | |
| 11 | 15 | 科汇 | 1 | 1—15日 | | | 1 | 2 | 9 | 6 | 0 | 0 | 0 | 0 | | | | | | | | | | | 借 | | | 1 | 2 | 9 | 6 | 0 | 0 | 0 | 0 | |
| 11 | 30 | 科汇 | 2 | 16—30日 | | | | 1 | 5 | 8 | 0 | 0 | 0 | 0 | | | 1 | 4 | 5 | 4 | 0 | 0 | 0 | 0 | 平 | | | | | | | | 0 | | | |
| 11 | 30 | | | 本月合计 | | | 1 | 4 | 5 | 4 | 0 | 0 | 0 | 0 | | | 1 | 4 | 5 | 4 | 0 | 0 | 0 | 0 | 平 | | | | | | | | 0 | | | |
| 11 | 30 | | | 本年累计（略） | | 1 | 4 | 5 | 7 | 0 | 0 | 0 | 0 | 0 | | 1 | 4 | 5 | 7 | 0 | 0 | 0 | 0 | 0 | 平 | | | | | | | | 0 | | | |
| 12 | 15 | 科汇 | 1 | 1—15日 | | | 1 | 3 | 8 | 9 | 6 | 0 | 0 | 0 | | | | | | | | | | | 借 | | | 1 | 3 | 8 | 9 | 6 | 0 | 0 | 0 | |
| | | | | | | | | | | | | | | | | | | | | | | | | | | | | | | | | | | | | |
| | | | | | | | | | | | | | | | | | | | | | | | | | | | | | | | | | | | | |
| | | | | | | | | | | | | | | | | | | | | | | | | | | | | | | | | | | | | |

# 主营业务成本明细账

| 2013年 月 | 日 | 凭单号 | 摘要 | 借方（千百十万千百十元角分） | 贷方（千百十万千百十元角分） | 借或贷 | 余额（千百十万千百十元角分） | 借（贷）方金额分析：1001惠普硒鼓 | 1002惠普墨盒 | 2001爱普生硒鼓 | 2002爱普生墨盒 | | |
|---|---|---|---|---|---|---|---|---|---|---|---|---|---|
| 10 | 1 | | 1—9月累计发生额(略) | 122000000 | | | | | | | | | |
| 10 | 23 | 略 | 无忧销售 | 9160000 | | 借 | 9160000 | 6000000 | 3160000 | | | | |
| 10 | 31 | 略 | 结转成本 | | 9160000 | 平 | 0 | 6000000（红字） | -3160000（红字） | | | | |
| 10 | 31 | | 本月合计 | 9160000 | 9160000 | 平 | 0 | | | | | | |
| 10 | 31 | | 本年累计(略) | 131160000 | | 平 | 0 | | | | | | |
| 11 | 2 | 记1# | 中吉销售 | 9000000 | | 借 | 9000000 | 9000000 | | | | | |
| 11 | 5 | 记2# | 创联销售 | 6600000 | | 借 | 15600000 | | | 4400000 | 220000 | | |
| 11 | 6 | 记4# | 创联退货 | 2640000（红字） | | 借 | 12960000 | | | 1760000（红字） | 88000（红字） | | |
| 11 | 27 | 记15# | 昆山销售 | 1580000 | | 借 | 14540000 | | 1580000 | | | | |
| 11 | 30 | 记25# | 结转成本 | | 14540000 | 平 | 0 | 9000000（红字） | 1580000（红字） | 2640000（红字） | 1320000（红字） | | |
| 11 | 30 | | 本月合计 | 14540000 | 14540000 | 平 | 0 | | | | | | |
| 11 | 30 | | 本年累计(略) | 145700000 | | 平 | 0 | | | | | | |
| 12 | 4 | 记3 | 中吉销售 | 4740000 | | 借 | 4740000 | | 4740000 | | | | |
| 12 | 5 | 记4 | 创联销售 | 3960000 | | 借 | 8700000 | | | 2640000 | 1320000 | | |
| 12 | 11 | 记11 | 中吉销售 | 3300000 | | 借 | 12000000 | | | 2200000 | 1100000 | | |
| 12 | 13 | 记12 | 创联销售 | 1896000 | | 借 | 13896000 | | 1896000 | | | | |

# 营业税金及附加总账

科目：6403

| 2013年 | | 凭证 | | 摘要 | 借方 | | | | | | | | | | 贷方 | | | | | | | | | | 借或贷 | 余额 | | | | | | | | | | √ |
|---|---|---|---|---|---|---|---|---|---|---|---|---|---|---|---|---|---|---|---|---|---|---|---|---|---|---|---|---|---|---|---|---|---|---|---|---|
| 月 | 日 | 种类 | 号数 | | 千 | 百 | 十 | 万 | 千 | 百 | 十 | 元 | 角 | 分 | 千 | 百 | 十 | 万 | 千 | 百 | 十 | 元 | 角 | 分 | | 千 | 百 | 十 | 万 | 千 | 百 | 十 | 元 | 角 | 分 | |
| 10 | 1 | | | 1—9月累计发生额 | | | | 1 | 0 | 2 | 0 | 0 | 0 | 0 | | | | 1 | 0 | 2 | 0 | 0 | 0 | 0 | 平 | | | | | | | | 0 | | | |
| 11 | 30 | 记 | 22# | 计提城建税及教育费附加 | | | | | | 8 | 1 | 4 | 3 | 0 | | | | | | | | | | | 借 | | | | | | 8 | 1 | 4 | 3 | 0 | |
| 11 | 30 | 记 | 25# | 月底利润结转 | | | | | | | | | | | | | | | | 8 | 1 | 4 | 3 | 0 | 平 | | | | | | | | 0 | | | |
| 11 | 30 | | | 本月合计 | | | | | | 8 | 1 | 4 | 3 | 0 | | | | | | 8 | 1 | 4 | 3 | 0 | 平 | | | | | | | | 0 | | | |
| 11 | 30 | | | 本年累计 | | | | 1 | 1 | 0 | 1 | 4 | 3 | 0 | | | | 1 | 1 | 0 | 1 | 4 | 3 | 0 | 平 | | | | | | | | 0 | | | |
| | | | | | | | | | | | | | | | | | | | | | | | | | | | | | | | | | | | | |
| | | | | | | | | | | | | | | | | | | | | | | | | | | | | | | | | | | | | |
| | | | | | | | | | | | | | | | | | | | | | | | | | | | | | | | | | | | | |
| | | | | | | | | | | | | | | | | | | | | | | | | | | | | | | | | | | | | |
| | | | | | | | | | | | | | | | | | | | | | | | | | | | | | | | | | | | | |
| | | | | | | | | | | | | | | | | | | | | | | | | | | | | | | | | | | | | |

# 销售费用总账

科目：6601

| 2013年 | | 凭证 | | 摘要 | 借方 | | | | | | | | | | 贷方 | | | | | | | | | | 借或贷 | 余额 | | | | | | | | | | √ |
|---|---|---|---|---|---|---|---|---|---|---|---|---|---|---|---|---|---|---|---|---|---|---|---|---|---|---|---|---|---|---|---|---|---|---|---|---|
| 月 | 日 | 种类 | 号数 | | 千 | 百 | 十 | 万 | 千 | 百 | 十 | 元 | 角 | 分 | 千 | 百 | 十 | 万 | 千 | 百 | 十 | 元 | 角 | 分 | | 千 | 百 | 十 | 万 | 千 | 百 | 十 | 元 | 角 | 分 | |
| 10 | 1 | | | 1—9月份累计发生额 | | | | 8 | 3 | 3 | 1 | 5 | 0 | 0 | | | | 8 | 3 | 3 | 1 | 5 | 0 | 0 | 平 | | | | | | | | 0 | | | |
| 10 | 30 | 科汇 | 2 | 16—31日汇总 | | | | | 7 | 0 | 3 | 5 | 0 | 0 | | | | | 7 | 0 | 3 | 5 | 0 | 0 | 平 | | | | | | | | 0 | | | |
| 10 | 31 | | | 本月合计 | | | | | 7 | 0 | 3 | 5 | 0 | 0 | | | | | 7 | 0 | 3 | 5 | 0 | 0 | 平 | | | | | | | | 0 | | | |
| 10 | 31 | | | 本年累计(略) | | | | 9 | 0 | 3 | 5 | 0 | 0 | 0 | | | | 9 | 0 | 3 | 5 | 0 | 0 | 0 | 平 | | | | | | | | 0 | | | |
| 11 | 30 | 科汇 | 2 | 16—30日汇总 | | | | | 7 | 1 | 3 | 5 | 0 | 0 | | | | | 7 | 1 | 3 | 5 | 0 | 0 | 平 | | | | | | | | 0 | | | |
| 11 | 30 | | | 本月合计 | | | | | 7 | 1 | 3 | 5 | 0 | 0 | | | | | 7 | 1 | 3 | 5 | 0 | 0 | 平 | | | | | | | | 0 | | | |
| 11 | 30 | | | 本年累计(略) | | | | 9 | 7 | 4 | 8 | 5 | 0 | 0 | | | | 9 | 7 | 4 | 8 | 5 | 0 | 0 | 平 | | | | | | | | 0 | | | |
| | | | | | | | | | | | | | | | | | | | | | | | | | | | | | | | | | | | | |
| | | | | | | | | | | | | | | | | | | | | | | | | | | | | | | | | | | | | |
| | | | | | | | | | | | | | | | | | | | | | | | | | | | | | | | | | | | | |
| | | | | | | | | | | | | | | | | | | | | | | | | | | | | | | | | | | | | |
| | | | | | | | | | | | | | | | | | | | | | | | | | | | | | | | | | | | | |
| | | | | | | | | | | | | | | | | | | | | | | | | | | | | | | | | | | | | |
| | | | | | | | | | | | | | | | | | | | | | | | | | | | | | | | | | | | | |
| | | | | | | | | | | | | | | | | | | | | | | | | | | | | | | | | | | | | |

# 销售费用明细账

| 2013年 月 | 日 | 凭证 种类 | 号数 | 摘要 | 借方发生额 | 工资及福利费 | 社会保险费 | 水电办公差旅费 | 折旧修理费 | 广告费 | 住房公积金 | 其他 |
|---|---|---|---|---|---|---|---|---|---|---|---|---|
| 10 | 1 | | | 1—9月累计发生额(略) | 83315.00 | | | | | | | |
| 10 | 31 | 记 | 略 | 工资、五险一金 | 7035.00 | 5100.00 | 1395.00 | | | | 540.00 | |
| 10 | 31 | 记 | 略 | 结转本年利润 | 7035.00 | 5100.00 | 1395.00 | | | | 540.00 | |
| 10 | 31 | | | 本月合计 | 7035.00 | 5100.00 | 1395.00 | | | | 540.00 | |
| 10 | 31 | | | 本年累计(略) | 90350.00 | | | | | | | |
| 11 | 30 | 记 | 18# | 计提工资 | 5200.00 | 5200.00 | | | | | | |
| 11 | 30 | 记 | 19# | 计提五险一金 | 1935.00 | | 1395.00 | | | | 540.00 | |
| 11 | 30 | 记 | 25# | 结转本年利润 | 7135.00 | 5200.00 | 1395.00 | | | | 540.00 | |
| 11 | 30 | | | 本月合计 | 7135.00 | 5200.00 | 1395.00 | | | | 540.00 | |
| 11 | 30 | | | 本年累计(略) | 97485.00 | | | | | | | |

# 管理费用明细账

| 2013年 月 | 日 | 凭证 种类 | 号数 | 摘要 | 借方发生额 | 借方栏目 工资及福利费 | 社会保险费 | 水电办公差旅费 | 折旧修理费 | 广告费 | 住房公积金 | 其他 |
|---|---|---|---|---|---|---|---|---|---|---|---|---|
| 10 | 1 | | | 1—9月累计发生额(略) | 345060.00 | | | | | | | |
| 10 | 22 | 记 | 略 | 10月份电话费 | 310.00 | | | 310.00 | | | | |
| 10 | 31 | 记 | 略 | 工资、五险一金 | 31944.00 | 23000.00 | 6448.00 | | | | 2496.00 | |
| 10 | 31 | 记 | 略 | 计提折旧 | 6093.75 | | | | 6093.75 | | | |
| 10 | 31 | 记 | 略 | 结转本年利润 | 38347.75 | 23000.00 | 6448.00 | 310.00 | 6093.75 | | 2496.00 | |
| 10 | 31 | | | 本月合计 | 38347.75 | 23000.00 | 6448.00 | 310.00 | 6093.75 | | 2496.00 | |
| 10 | 31 | | | 本年累计(略) | 383407.75 | | | | | | | |
| 11 | 21 | 记 | 13# | 11月电话费 | 348.00 | | | 348.00 | | | | |
| 11 | 30 | 记 | 18# | 计提工资 | 23000.00 | 23000.00 | | | | | | |
| 11 | 30 | 记 | 19# | 计提五险一金 | 8944.00 | | 6448.00 | | | | 2496.00 | |
| 11 | 30 | 记 | 23# | 计提折旧 | 6093.75 | | | | 6093.75 | | | |
| 11 | 30 | 记 | 25# | 结转本年利润 | 38385.75 | 23000.00 | 6448.00 | 348.00 | 6093.75 | | 2496.00 | |
| 11 | 30 | | | 本月合计 | 38385.75 | 23000.00 | 6448.00 | 348.00 | 6093.75 | | 2496.00 | |
| 11 | 30 | | | 本年累计(略) | 421793.50 | | | | | | | |

# 管理费用总账

科目：6602

| 2013年 | | 凭证 | | 摘要 | 借方 | | | | | | | | | | 贷方 | | | | | | | | | | 借或贷 | 余额 | | | | | | | | | | √ |
|---|---|---|---|---|---|---|---|---|---|---|---|---|---|---|---|---|---|---|---|---|---|---|---|---|---|---|---|---|---|---|---|---|---|---|---|---|
| 月 | 日 | 种类 | 号数 | | 千 | 百 | 十 | 万 | 千 | 百 | 十 | 元 | 角 | 分 | 千 | 百 | 十 | 万 | 千 | 百 | 十 | 元 | 角 | 分 | | 千 | 百 | 十 | 万 | 千 | 百 | 十 | 元 | 角 | 分 | |
| 10 | 1 | | | 1—9月份累计发生额 | | | 3 | 4 | 5 | 0 | 6 | 0 | 0 | 0 | | | 3 | 4 | 5 | 0 | 6 | 0 | 0 | 0 | 平 | | | | | | | | 0 | | | |
| 10 | 30 | 科汇 | 2 | 16—31日汇总 | | | | 3 | 8 | 3 | 4 | 7 | 7 | 5 | | | | 3 | 8 | 3 | 4 | 7 | 7 | 5 | 平 | | | | | | | | 0 | | | |
| 10 | 31 | | | 本月合计 | | | | 3 | 8 | 3 | 4 | 7 | 7 | 5 | | | | 3 | 8 | 3 | 4 | 7 | 7 | 5 | 平 | | | | | | | | 0 | | | |
| 10 | 31 | | | 本年累计(略) | | | 3 | 8 | 3 | 4 | 0 | 7 | 7 | 5 | | | 3 | 8 | 3 | 4 | 0 | 7 | 7 | 5 | 平 | | | | | | | | 0 | | | |
| 11 | 30 | 科汇 | 2 | 16—30日汇总 | | | | 3 | 8 | 3 | 8 | 5 | 7 | 5 | | | | 3 | 8 | 3 | 8 | 5 | 7 | 5 | 平 | | | | | | | | 0 | | | |
| 11 | 30 | | | 本月合计 | | | | 3 | 8 | 3 | 8 | 5 | 7 | 5 | | | | 3 | 8 | 3 | 8 | 5 | 7 | 5 | 平 | | | | | | | | 0 | | | |
| 11 | 30 | | | 本年累计(略) | | | 4 | 2 | 1 | 7 | 9 | 3 | 5 | 0 | | | 4 | 2 | 1 | 7 | 9 | 3 | 5 | 0 | 平 | | | | | | | | 0 | | | |

# 财务费用总账

科目：6603

| 2013年 | | 凭证 | | 摘要 | 借方 | | | | | | | | | | 贷方 | | | | | | | | | | 借或贷 | 余额 | | | | | | | | | | √ |
|---|---|---|---|---|---|---|---|---|---|---|---|---|---|---|---|---|---|---|---|---|---|---|---|---|---|---|---|---|---|---|---|---|---|---|---|---|
| 月 | 日 | 种类 | 号数 | | 千 | 百 | 十 | 万 | 千 | 百 | 十 | 元 | 角 | 分 | 千 | 百 | 十 | 万 | 千 | 百 | 十 | 元 | 角 | 分 | | 千 | 百 | 十 | 万 | 千 | 百 | 十 | 元 | 角 | 分 | |
| 10 | 1 | | | 1—9月份累计发生额 | | | | | | 2 | 5 | 5 | 0 | 0 | | | | | | 2 | 5 | 5 | 0 | 0 | 平 | | | | | | | | 0 | | | |
| 10 | 15 | 科汇 | 1 | 1—15日汇总 | | | | | | | 3 | 0 | 0 | 0 | | | | | | | | | | | 借 | | | | | | | 3 | 0 | 0 | 0 | |
| 10 | 30 | 科汇 | 2 | 16—31日汇总 | | | | | | | 1 | 5 | 0 | 0 | | | | | | | 4 | 5 | 0 | 0 | 平 | | | | | | | | 0 | | | |
| 10 | 31 | | | 本月合计 | | | | | | | 4 | 5 | 0 | 0 | | | | | | | 4 | 5 | 0 | 0 | 平 | | | | | | | | 0 | | | |
| 10 | 31 | | | 本年累计(略) | | | | | | 2 | 1 | 0 | 0 | 0 | | | | | | 2 | 1 | 0 | 0 | 0 | 平 | | | | | | | | 0 | | | |
| 11 | 15 | 科汇 | 1 | 1—15日汇总 | | | | | | | 1 | 5 | 0 | 0 | | | | | | | | | | | 借 | | | | | | | 1 | 5 | 0 | 0 | |
| 11 | 30 | 科汇 | 2 | 16—30日汇总 | | | | | | | 1 | 0 | 0 | 0 | | | | | | | 2 | 5 | 0 | 0 | 平 | | | | | | | | 0 | | | |
| 11 | 30 | | | 本月合计 | | | | | | | 2 | 5 | 0 | 0 | | | | | | | 2 | 5 | 0 | 0 | 平 | | | | | | | | 0 | | | |
| 11 | 30 | | | 本年累计(略) | | | | | | 1 | 8 | 5 | 0 | 0 | | | | | | 1 | 8 | 5 | 0 | 0 | 平 | | | | | | | | 0 | | | |

# 财务费用明细账

| 2013年 月 | 日 | 凭证 种类 | 号数 | 摘要 | 借方发生额 | 借方栏目 手续费 | 利息 | | | | |
|---|---|---|---|---|---|---|---|---|---|---|---|
| 10 | 1 | | | 1—9月累计发生额(略) | 255.00 | | | | | | |
| 10 | 13 | 记 | 略 | 银行手续费 | 30.00 | 30.00 | | | | | |
| 10 | 27 | 记 | 略 | 银行手续费 | 15.00 | 15.00 | | | | | |
| 10 | 31 | 记 | 略 | 结转本年利润 | 45.00 | 45.00 | | | | | |
| 10 | 31 | | | 本月合计 | 45.00 | 45.00 | | | | | |
| 10 | 31 | | | 本年累计(略) | 210.00 | | | | | | |
| 11 | 14 | 记 | 9# | 银行手续费 | 15.00 | 15.00 | | | | | |
| 11 | 21 | 记 | 12# | 银行手续费 | 10.00 | 10.00 | | | | | |
| 11 | 30 | 记 | 25# | 结转本年利润 | 25.00 | 25.00 | | | | | |
| 11 | 30 | | | 本月合计 | 25.00 | 25.00 | | | | | |
| 11 | 30 | | | 本年累计(略) | 185.00 | | | | | | |
| 12 | 2 | 记 | 1 | 银行手续费 | 35.00 | 35.00 | | | | | |

# 资产减值损失明细账

科目：670101计提的坏账准备

| 2013年 | | 凭证 | | 摘要 | 借方 | | | | | | | | | | 贷方 | | | | | | | | | | 借或贷 | 余额 | | | | | | | | | | √ |
|---|---|---|---|---|---|---|---|---|---|---|---|---|---|---|---|---|---|---|---|---|---|---|---|---|---|---|---|---|---|---|---|---|---|---|---|---|
| 月 | 日 | 种类 | 号数 | | 千 | 百 | 十 | 万 | 千 | 百 | 十 | 元 | 角 | 分 | 千 | 百 | 十 | 万 | 千 | 百 | 十 | 元 | 角 | 分 | | 千 | 百 | 十 | 万 | 千 | 百 | 十 | 元 | 角 | 分 | |
| 10 | 1 | | | 1—9月累计发生额 | | | | | 1 | 5 | 0 | 0 | 0 | 0 | | | | | 1 | 5 | 0 | 0 | 0 | 0 | 平 | | | | | | | | 0 | | | |

# 资产减值损失总账

科目：6701

| 2013年 | | 凭证 | | 摘要 | 借方 | | | | | | | | | | 贷方 | | | | | | | | | | 借或贷 | 余额 | | | | | | | | | | √ |
|---|---|---|---|---|---|---|---|---|---|---|---|---|---|---|---|---|---|---|---|---|---|---|---|---|---|---|---|---|---|---|---|---|---|---|---|---|
| 月 | 日 | 种类 | 号数 | | 千 | 百 | 十 | 万 | 千 | 百 | 十 | 元 | 角 | 分 | 千 | 百 | 十 | 万 | 千 | 百 | 十 | 元 | 角 | 分 | | 千 | 百 | 十 | 万 | 千 | 百 | 十 | 元 | 角 | 分 | |
| 10 | 1 | | | 1—9月累计发生额 | | | | | 1 | 5 | 0 | 0 | 0 | 0 | | | | | 1 | 5 | 0 | 0 | 0 | 0 | 平 | | | | | | | | 0 | | | |

# 所得税费用

科目：6801

| 2013年 | | 凭证 | | 摘要 | 借方 | | | | | | | | | | 贷方 | | | | | | | | | | 借或贷 | 余额 | | | | | | | | | | √ |
|---|---|---|---|---|---|---|---|---|---|---|---|---|---|---|---|---|---|---|---|---|---|---|---|---|---|---|---|---|---|---|---|---|---|---|---|---|
| 月 | 日 | 种类 | 号数 | | 千 | 百 | 十 | 万 | 千 | 百 | 十 | 元 | 角 | 分 | 千 | 百 | 十 | 万 | 千 | 百 | 十 | 元 | 角 | 分 | | 千 | 百 | 十 | 万 | 千 | 百 | 十 | 元 | 角 | 分 | |
| 10 | 1 | | | 1—9月累计发生额 | | | | 4 | 0 | 4 | 2 | 0 | 0 | 0 | | | | | 4 | 0 | 4 | 2 | 0 | 0 | 平 | | | | | | | | 0 | | | |
| | | | | | | | | | | | | | | | | | | | | | | | | | | | | | | | | | | | | |
| | | | | | | | | | | | | | | | | | | | | | | | | | | | | | | | | | | | | |
| | | | | | | | | | | | | | | | | | | | | | | | | | | | | | | | | | | | | |
| | | | | | | | | | | | | | | | | | | | | | | | | | | | | | | | | | | | | |
| | | | | | | | | | | | | | | | | | | | | | | | | | | | | | | | | | | | | |
| | | | | | | | | | | | | | | | | | | | | | | | | | | | | | | | | | | | | |
| | | | | | | | | | | | | | | | | | | | | | | | | | | | | | | | | | | | | |
| | | | | | | | | | | | | | | | | | | | | | | | | | | | | | | | | | | | | |
| | | | | | | | | | | | | | | | | | | | | | | | | | | | | | | | | | | | | |

# 第三部分

# 项目资料

## 一、资料清单

Doc.No.1　业务说明
Doc.No.2　会计科目表
Doc.No.3　价格表
Doc.No.4　客户采购订单
Doc.No.5　空白增值税专用发票（一式四联），每人3份
Doc.No.6　空白电汇单（一式两联），每人1份
Doc.No.7　空白银行进账单（一式三联），每人2份
Doc.No.8　收到的转账支票
Doc.No.9　收到的银行单据：付款通知书、银行利息入账通知
Doc.No.10　空白收款收据（一式三联），每人1份
Doc.No.11　退货申请单、开具红字增值税专用发票通知单
Doc.No.12　采购订单
Doc.No.13　空白入库单（一式三联），每人3份
Doc.No.14　电子转账专用完税证
Doc.No.15　空白出库单（一式三联），每人4份
Doc.No.16　空白支票：每人3份转账支票（一式两联）、每人1份现金支票（一式两联，注意取现金应背书，并写上单位名称，盖财务专用章，王到签字确认）
Doc.No.17　考勤记录、11月份已填及12月份空白五险一金计提表各1份、11月份已填及12月份空白工资结算表各1份
Doc.No.18　收到的发票（增值税专用发票一式两联，其他发票均一联）
Doc.No.19　收到的破产证明
Doc.No.20　科目汇总表
Doc.No.21　客户对账单、空白记账凭证（每人36张）
Doc.No.22　11月份银行余额调节表、空白银行存款余额调节表
Doc.No.23　12月份银行对账单
Doc.No.24　增值税申报表
Doc.No.25　试算平衡表

备注：①请每人准备4个长尾夹及4张标签。先在4张标签上分别写上“中转文件夹”、“外部人员文件夹”、“会计出纳文件夹”、“内部留底文件夹”，然后将4张标签分别贴在4个长尾夹上，以备日常业务使用；②Doc.No.20至Doc.No.25月末结账用，具体见“12月份结账程序”部分。

## 二、相关资料

Doc.No.1

**业务说明：**

1. Yes　12月16日　马千里填写转账支票Doc.No.16交南京市住房公积金管理中心用于缴纳上月住房公积金6 072元，存根联交都督；都督据此与已上网支付并打印好的11月份税收电子转账专用完税证（Doc.No.14）一起编制记账凭证。

操作提示

●在文件包中按右上角的编码顺序取出以下单据：Doc.No.16**建设银行**空白转账支票、Doc.No.14网上申报电子缴税凭证、Doc.No.21空白记账凭证两张。

●请阅读企业概况9.职工薪酬核算、流程图6、第一部分实验指导中第三章职工薪酬循环中的支付部分，并参见应付职工薪酬明细账和Doc.No.17中的**11月份**“五险一金”计提表。因为五险一金的计提基数（基本工资）和计提比例未发生改变，故按月缴纳的五险一金金额不变。当然由于奖金和出勤情况的变化，工资是每月变化的。本业务较复杂，需静心琢磨。

●请按流程图6操作：填写空白支票（参考Doc.No.8收到的转账支票），注意须签章，盖孔夫子公司财务专用章（请画章代替），并由王到签字确认。正联交供应商（放入外部人员文件夹），分别依据支票存根联和电子转账专用完税证（Doc.No.14）编制记账凭证，编号为“记15”和“记16”。

2. Yes　12月17日　向上海得欣文化用品制造有限公司下达采购订单No.335（Doc.No.12），采购以下商品：

| 项目编码 | 数量 | 描述 |
|---|---|---|
| 08HX001 | 200 | 惠普硒鼓 |
| 08HM001 | 200 | 惠普墨盒 |

供应商地址：上海市东川路5555号　电话：021-58645555　传真：021-58645558

货运公司：上海八达通物流中心

运费支付：收货人

操作提示

●先在文件包中按右上角的编码顺序找到Doc.No.12，取出一份空白采购订单（一式四联）和采购订单No.332（参考用）。

●参见流程图4，并按其要求操作单据：首先填写采购订单，在联系人栏签上“钱满库”，买方批准人盖公司合同专用章并签上“王到”，然后按流程图传递单据—— 一联交供应商（放入“外部人员文件夹”）、一联采购留存（放入“内部留底文件夹”），一联交财务，另一联交仓库，此两联因后续还会使用故均放入“中转文件夹”。

●以采购订单No.332(Doc.No.12)为参考填写。

●使用价目表(Doc.No.3)。

●未收货，无需作任何账务处理。

3. Yes　12月18日　收到南京无忧技术有限公司的采购订单No.WY13091(Doc.No.4)，批准赊销，订单货物全部已发出，发票已开。对方税务登记号：320199514160015，地址：南京市浦口区白玉路1888号，开户行及账号：工商银行浦口支行32082456431。

操作提示

●在文件包中先按编码顺序找到Doc.No.4并取出客户采购订单No.WY13091；找到并取出Doc.No.15空白出库单、Doc.No.5空白增值税专用发票和Doc.No.21空白记账凭证各一份。

●参见流程图1，按要求完成所有步骤：签名盖章确认订单Doc.No.4、批准赊销（写上“同意赊销　王到”）、填写出库单（一式三联）、开发票（一式四联）、传递相关单据：出库单存根联放入“内部留底文件夹”、客户联放入“外部人员文件夹”；发票抵扣联和发票联放入“外部人员文件夹”表示已交付客户、存根联放入“出纳会计文件夹”。

●此交易需作账务处理，将客户采购订单、出库单财务联、发票记账联作附件粘贴附于所编制的记账凭证后。

4.Yes　12月20日　收到江苏中吉通讯有限公司的退货申请（Doc.No.11），批准退货，并告知对方。

操作提示

●请参见流程图3中的步骤操作:在批准人栏签上“王到”,放入“中转文件夹”即可。

5.Yes　12月22日　收到上海得欣文化用品制造有限公司发来的订单No.335(Doc.No.12)所对应货物，经检验全部合格入库。

操作提示

●自“中转文件夹”中取出订单No.335仓库联,与所收货物进行核对;在文件包中按编号顺序找到Doc.No.13并取出一份空白入库单。

●参见流程图4,按要求操作单据:填写入库单,一联交送货人(放入“外部人员文件夹”),一联交财务(放入“中转文件夹”,与该订单“财务联”放在一起),一联留存(和订单留存联一起放入“内部留底文件夹”)。

●注意:入库单(Doc.No.13)上“单价”栏应填写不含税价格。会计循环中,所有存货账户均反映不含税价值。

●此时无需入账,由于尚未收到发票。

6.Yes　12月22日　收到南京创联科技股份有限公司开来的转账支票No.416401（Doc.No.8），支付发票No.5959，填写进账单Doc.No.15送存银行，并冲应收账款。

操作提示

●在文件包中按编号顺序找到Doc.No.8,取出No.416401的转账支票;找到Doc.No.7,取出一份空白银行进账单(一式三联);Doc.No.21记账凭证一份。

●参见流程图2——收支票及收款冲往来,按要求操作单据:按支票内容填写银行进账单,将进账单贷方凭证联和收入通知联交银行(放入“外部人员文件夹”),银行在回单联盖章(画上三角形的业务受理章即可)。

●此交易需作账务处理,以银行存款回单联作原始凭证,粘贴附于记账凭证后。

7.Yes　12月22日　收到银行付款通知委收号251415和224511（Doc.No.9）及发票号18511999及05976632（Doc.No.18），银行已代付12月份电话费260元、电费263.72元。

操作提示

●在文件包中按编号顺序找到Doc.No.9,取出银行付款通知委收号251415和224511;找到Doc.No.18,取出号码分别为18511999及05976632的两张发票;取出Doc.No.21空白记账凭证一份。

●请按流程图5——其他支付及注释进行账务处理:直接以上述单据作记账凭证附件。

●生产经营用水电费如能取得增值税专用发票,进项税额可抵扣。

8.Yes　12月22日　收到河源同芯电子科技股份有限公司具有法律效应的破产证明（Doc.No.19），核销其应收账款余额。

操作提示

●注意孔夫子公司采用备抵法而不是直接转销法核销坏账。

●参见流程图1,按要求操作单据:王到在破产证明上签字确认“请核销相关坏账”,都督以破产证明作附件编制记账凭证。

9.Yes　12月24日　收到江苏中吉通讯有限公司退回的货物及开具红字增值税专用发票通知单（Doc.No.11），开具红字发票，冲减其应收账款。

**操作提示**

●自中转文件夹取出退货申请(Doc.No.11),核对所收货物;自文件包中取出开具红字增值税专用发票通知单(Doc.No.11)及空白入库单(Doc.No.13),空白增值税专用发票(Doc.No.5)和空白记账凭证(Doc.No.21)各一份。

●继续按流程图3操作,完成全部步骤。

●本业务需作会计记录,注意应红字冲销,而不作相反分录。具体参阅第一部分第二章中的销售退回与折让业务活动及相关单据。

10.Yes　12月24日　收到江苏中吉通讯有限公司开出的转账支票No.415135（Doc.No.8），金额108 494元，支付发票No.5952和No.5958的余款，送存银行。

**操作提示**

●请按流程图2操作。

11.Yes　12月24日　收到上海得欣文化用品制造有限公司开来的发票No.18719（Doc.No.18），对应12月17日所下订单和12月22日收到的货物。

**操作提示**

●自文件包中找到Doc.No.18并取出发票No.18719,发票联和抵扣联;自中转文件夹中取出No.335采购订单的财务联及入库单的财务联,并与发票内容相核对。

●继续按流程图4操作:增值税专用发票发票联、抵扣联集中保存,每月向税务相关申报增值税时使用,将发票联、采购订单及入库单财务联一起作确认应付账款的入账依据。

●由于收到发票,应确认应付账款。

12.Yes　12月24日　收到南京双赢商贸有限公司采购员王某带来的采购订单No.37592（Doc.No.4）及现金842.4元，以客户自提的方式发送货物。

**操作提示**

●自文件包中取出Doc.No.4采购订单No.37592、Doc.No.10空白收款收据、Doc.No.7空白出库单、Doc.No.5空白增值税专用发票各一份。

●请按照流程图2——收现金和流程图1所示步骤完成该笔现销业务:开收据(盖章请书写"现金收讫"代替)、填写出库单、填开发票并传递相关单据(具体操作请按流程图),此交易须作账务处理。

13.Yes　12月24日　收到向南京市满意100%办公用品有限公司采购的货物，采购订单No.334（Doc.No.12）。同时收到发票No. 09740802（Doc.No.18）发票联与抵扣联，货物经验收合格直接送至办公室使用，款项未支付。

**操作提示**

●对于低值易耗品直接送至使用部门的,有些公司要求补填入库单和出库单,按受益原则直接记入受益部门费用;有些公司,如孔夫子公司对此无明确要求,可直接凭采购发票的发票联和订单入账。

14.Yes　12月25日　收到南京日报开来的发票No.02192501（Doc.No.18），内容为圣诞节期间广告费，立即签发支票（Doc.No.16）予以支付。

**操作提示**

●请按流程图5——其他支付所示步骤操作。

15. Yes　12月26日　收到向南京市满意100%办公用品有限公司赊购的计算机，采购订单No.332（Doc.No.12），并同时收到发票No. 09740810（Doc.No.18）发票联与抵扣联，计算机经验收合格，直接送至办公室使用，估计使用年限5年，无残值。

操作提示

●需填开入库单和出库单各一份,入库单一联交送货人、一联留存、一联交财会部门;出库单一联留存、一联交领用人(请放入内部留底文件夹)、一联交财会部门。会计人员依订单、发票和入库单即可编制记账凭证,出库单一般用作登记固定资产卡片的依据,无须作账务处理。本实验未涉及固定资产卡片,故会计人员可直接将出库单财务联同订单、采购发票的发票联和入库单财务联一起作为附件粘贴于记账凭证后。

16.Yes　12月29日　收到银行利息入账通知（Doc.No.9），第四季度银行存款利息为186元。

操作提示

●自文件包中找到Doc.No.9并取出银行利息入账通知,并据以编制记账凭证。

17.Yes　12月29日　向上海得欣文化用品制造有限公司电汇款项全额支付24日收到的发票No.18719。

操作提示

●请按流程图5——欠款支付所示步骤操作。

●使用一份空白电汇单Doc.No.6(一式两联),填写完毕后交银行:请代银行在回单联上盖章(画上三角形的业务受理章即可),另一联放入外部人员文件夹。据回单联编制记账凭证。

18.Yes　12月31日　签发支票向南京市满意100%全额支付24日收到的发票No. 09740802（Doc.No.18）和26日收到的发票No. 09740810（Doc.No.18）。

操作提示

●请按流程图5——欠款支付所示步骤操作,转账支票一旦开出即须作账务处理。

19.Yes　12月31日　都督按考勤记录（Doc.No.17）制作12月份工资结算表（Doc.No.17）以及养老保险、失业保险、医疗保险、工伤保险和住房公积金等五险一金计提表（Doc.No.17）。马千里填写现金支票（Doc.No.16）取现21 500元，并发放工资。

操作提示

●销售员余德水12月份奖金500元。

●请阅读流程图6、第一部分实验指导中第四章职工薪酬循环的计提职工薪酬和支付职工薪酬部分、应付职工薪酬明细账、11月份的工资结算表Doc.No.17及11月份的五险一金计提表Doc.No.17。本业务较复杂,需静心琢磨。

●注意:填写现金支票时,收款人应填本单位名称,并在现金支票背面“被背书人”栏内加盖本单位的财务专用章和法人章。

●发放工资时,应由领工资人在工资结算表“签收”栏签字。本应依据工资结算表和考勤记录表编制计提职工薪酬的记账凭证,依据签收了的工资结算表编制发放工资的记账凭证,因本工资结算单合二为一,故同时作两记账凭证之依据。

20. 月底程序

完成上述业务处理后，请翻至（二）实验要求，阅读其月底结账程序，并按其说明完成所有月结程序，另外所需资料如下：

Yes　对账单　填写一份与江苏中吉通讯有限公司的对账单（Doc.No.21）。提示：江苏中吉的地址等信息可参见Doc.No.11退货申请应收款项信息参见应收账款明细账。

No　年末存货　2014年1月1日年终冻结盘点，所有存货成本115 604元。

No　坏账准备　按应收账款余额的5%计提坏账准备。

注意：计提后，坏账准备的年末余额应等于应收账款年末余额的5%。不明白的话，请参阅第一部分第五章的坏账计提部分，其中解释了孔夫子公司12月末应计提的坏账准备数。

No　交易性金融资产　2013年12月31日交易性金融资产的市场价值约等于其账面价值。

注：12月末所得税计提及入账请注意：①月末除了应计提坏账准备外，还需计提折旧、城市维护建设税和教育费附加（可参阅第一部分第二章的预付费用、应计费用和折旧部分）。之后结转收入、成本和费用至本年利润账户，得到本月利润总额。②由于所得税是按季缴纳的，故应以10—12月的利润合计数为税基乘以税率25%，计算应交所得税。10—11月各月的利润数可从本年利润总账或明细账贷方合计减借方合计分别计算得出，再加总可得本季度利润数。或者从试算平衡表Doc.No.25中取11月底和9月底的本年利润数，两者相减即可直接得到10—11月利润合计数。③计提所得税后，还应结转所得税费用至本年利润账户，才能得到净利润。④年末，应将本年利润净额全部结转至“利润分配——未分配利润”账户中。

Doc.No.2

南京市孔夫子办公耗材有限公司总账会计科目表

| 类别 | 科目编码 | 科目名称 |
|---|---|---|
| 资产类 | 1001 | 库存现金 |
| | 1002 | 银行存款 |
| | 1122 | 应收账款 |
| | 1231 | 坏账准备 |
| | 1405 | 库存商品 |
| | 1503 | 可供出售金融资产 |
| | 1601 | 固定资产 |
| | 1602 | 累计折旧 |
| 负债类 | 2001 | 短期借款 |
| | 2202 | 应付账款 |
| | 2211 | 应付职工薪酬 |
| | 2221 | 应交税费 |
| | 2241 | 其他应付款 |
| 所有者权益类 | 4001 | 实收资本 |
| | 4002 | 资本公积 |
| | 4101 | 盈余公积 |
| | 4103 | 本年利润 |
| | 4104 | 利润分配 |
| 损益类 | 6001 | 主营业务收入 |
| | 6301 | 营业外收入 |
| | 6401 | 主营业务成本 |
| | 6403 | 营业税金及附加 |
| | 6601 | 销售费用 |
| | 6602 | 管理费用 |
| | 6603 | 财务费用 |
| | 6701 | 资产减值损失 |
| | 6711 | 营业外支出 |
| | 6801 | 所得税费用 |

Doc.No.3

价格表

单位:元

| 项目编码 | 项目描述 | 单位 | 含税进价 | 不含税进价 | 含税销价 | 不含税销价 |
|---|---|---|---|---|---|---|
| 08HX001 | 惠普硒鼓 | 个 | 351 | 300 | 538.2 | 460 |
| 08HM001 | 惠普墨盒 | 盒 | 184.86 | 158 | 234 | 200 |
| 08AX001 | 爱普生硒鼓 | 个 | 257.4 | 220 | 339.3 | 290 |
| 08AM001 | 爱普生墨盒 | 盒 | 128.7 | 110 | 187.2 | 160 |
| 8845 | 得力订书机 10# | 个 | 7.02 | | | |
| 7432 | 得力复写纸 255*18 | 盒 | 11.7 | | | |
| 7501 | 博士硬面笔记本 2215 | 本 | 9.36 | | | |
| 7206 | 尖宾复印纸(A4)8包 | 箱 | 163.8 | | | |
| 5604 | 日本中性笔 UB100 | 支 | 5.85 | | | |
| 12252 | 联想台式电脑 Lenovo 家悦 S3010A | 台 | 5 499 | | | |
| 12896 | 高速打印机 HP LaserJet P2015D(CB367A) | 台 | 2 808 | | | |

Doc.No.4

业务 12

# 采购订单

订单号：37592

购方：南京市双赢商贸有限公司

联系人：马双赢

电话：0512－65121998

传真：0512－65121998

地址：南京市大光路518号

供方：南京市孔夫子办公耗材有限公司

联系人：余德水

电话：025－84999999

传真：025－84999999

地址：南京市大光路555号

| 名称 | 描述 | 不含税单价(元/个) | 税率 | 含税单价(元/个) | 数量(个) | 含税金额(元) |
|---|---|---|---|---|---|---|
| 08HM001 | 惠普墨盒 | 200 | 17% | 234 | 2 | 468.00 |
| 08AM001 | 爱普生墨盒 | 160 | 17% | 187.2 | 2 | 374.40 |
| | | | | | | |
| | | | | | | |
| | | | | | | |
| | | | | | | |
| | | | | | | |
| 合计 | | | | | | 842.40 |

说明：①含17%税☑；含4%税□；未税□。

②付款方式：款到发货☑；货到付款□；票到付款□；当月结□；月结□；60天结□；90天结□；其他□。

③运输方式：快递□；货运□；送货上门□；上门提货☑。

供应商确认：

订购方确认：

Doc.No.4

业务 3

# 采购订单

订单号：WY13091

需方：南京无忧技术有限公司

联系人：杨德草

电话：025－58338888

传真：025－58338888

地址：南京市浦口区白玉路1888号

供方：南京市孔夫子办公耗材有限公司

联系人：余德水

电话：025－84999999

传真：025－84999999

地址：南京市大光路555号

| 名称 | 描述 | 单价(元/个) | 数量(个) | 金额(元) | 备注 |
| --- | --- | --- | --- | --- | --- |
| 08AX001 | 爱普生硒鼓 | 339.3 | 360 | 122 148.00 | |
| 08AM001 | 爱普生墨盒彩 | 187.2 | 360 | 67 392.00 | |
| | | | | | |
| | | | | | |
| | | | | | |
| | | | | | |
| | | | | | |
| 合计 | | | | 189 540.00 | |

说明：①含17%税☑；含4%税□；未税□。

②付款方式：款到发货□；货到付款□；票到付款□；当月结☑；月结□；60天结□；90天结□；其他□。

③运输方式：快递□；货运□；送货上门☑。

④交货日期：2013年12月25日前。

供应商确认：

订购方确认：

Doc.No.8

业务 10

中国工商银行 转账支票（苏） XII415135

出票日期（大写） 贰零壹叁年拾贰月贰拾肆日 付款行名称：工行下关支行

收款人：南京市孔夫子办公耗材有限公司 出票人账号：43674228781

| 人民币（大写） | 拾万捌仟肆佰玖拾肆圆整 | 亿 | 千 | 百 | 十 | 万 | 千 | 百 | 十 | 元 | 角 | 分 |
|---|---|---|---|---|---|---|---|---|---|---|---|---|
| | | | | ¥ | 1 | 0 | 8 | 4 | 9 | 4 | 0 | 0 |

本支票付款期限十天

用途：支付货款

上列款项请从我账户内支付

出票人盖章

江苏中吉通讯有限公司财务专用章

江鸿印

科目(借)

对方科目(贷)

转账日期 年 月 日

密码

复核 记账

Doc.No.8

业务 6

中国工商银行 转账支票（苏） XII416401

出票日期（大写） 贰零壹叁年拾贰月贰拾日 付款行名称：工行鼓楼支行

收款人：南京市孔夫子办公耗材有限公司 出票人账号：32074238799

| 人民币（大写） | 贰万捌仟零捌拾圆整 | 亿 | 千 | 百 | 十 | 万 | 千 | 百 | 十 | 元 | 角 | 分 |
|---|---|---|---|---|---|---|---|---|---|---|---|---|
| | | | | | ¥ | 2 | 8 | 0 | 8 | 0 | 0 | 0 |

本支票付款期限十天

用途：支付货款

上列款项请从我账户内支付

出票人盖章

南京创联科技股份有限公司财务专用章

万平印

科目(借)

对方科目(贷)

转账日期 年 月 日

密码

复核 记账

<table>
<tr><td rowspan="2">附加信息：</td><td rowspan="2">附加信息</td><td>被背书人</td></tr>
<tr><td>背书人签章<br>年　月　日</td></tr>
</table>

<table>
<tr><td rowspan="2">附加信息：</td><td rowspan="2">附加信息</td><td>被背书人</td></tr>
<tr><td>背书人签章<br>年　月　日</td></tr>
</table>

Doc.No.9

**业务 7**

委邮

## 委托收款凭证（付款通知）

委收号码：224511

委托日期：2013 年 12 月 21 日

5

| 付款人 | 全　称 | 南京市孔夫子办公耗材有限公司 | 收款人 | 全　称 | 南京市电力局 |
|---|---|---|---|---|---|
| | 账号或地址 | 32008071008 | | 账　号 | 16030058363803300 |
| | 开户银行 | 工行大光路支行 | | 开户银行 | 建行南京市分行 |

| 委收金额 | 人民币（大写） | 贰佰陆拾叁圆柒角贰分 | 千 | 百 | 十 | 万 | 千 | 百 | 十 | 元 | 角 | 分 |
|---|---|---|---|---|---|---|---|---|---|---|---|---|
| | | | | | | | ¥ | 2 | 6 | 3 | 7 | 2 |

| 款项内容 | 电费 | 委托收款凭证名称 | | 附寄单证张数 | 1 |
|---|---|---|---|---|---|

备注：

付款人注意：1. 根据结算办法，上列委托收款，如在付款期限内未据付，即视同全部同意付款，以此联代付款通知。2. 如需提前付或多付款时，应另写书面通知送银行办理。3. 如系全部或部分据付，应在付款期限内另填拒绝付款理由书送银行办理。

此联收款人开户银行给付款人按期付款的通知

（印章：中国工商银行南京市大光路支行 业务专用章）

单位主管：　会计：　复核：　记账：　付款人开户银行盖章　　年　月　日

---

Doc.No.9

**业务 7**

委邮

## 委托收款凭证（付款通知）

委收号码：221415

委托日期：2013 年 12 月 21 日

5

| 付款人 | 全　称 | 南京市孔夫子办公耗材有限公司 | 收款人 | 全　称 | 南京市电信局 |
|---|---|---|---|---|---|
| | 账号或地址 | 32008071008 | | 账　号 | 16030058363803300 |
| | 开户银行 | 工行大光路支行 | | 开户银行 | 建行南京市分行 |

| 委收金额 | 人民币（大写） | 贰佰陆拾圆整 | 千 | 百 | 十 | 万 | 千 | 百 | 十 | 元 | 角 | 分 |
|---|---|---|---|---|---|---|---|---|---|---|---|---|
| | | | | | | | ¥ | 2 | 6 | 0 | 0 | 0 |

| 款项内容 | 电话费 | 委托收款凭证名称 | | 附寄单证张数 | 1 |
|---|---|---|---|---|---|

备注：

付款人注意：1. 根据结算办法，上列委托收款，如在付款期限内未据付，即视同全部同意付款，以此联代付款通知。2. 如需提前付或多付款时，应另写书面通知送银行办理。3. 如系全部或部分据付，应在付款期限内另填拒绝付款理由书送银行办理。

此联收款人开户银行给付款人按期付款的通知

（印章：中国工商银行南京市大光路支行 业务专用章）

单位主管：　会计：　复核：　记账：　付款人开户银行盖章　　年　月　日

Doc.No.9

**业务 16**

## 中国工商银行　存款利息凭证

2013年12月25日

<table>
<tr><td rowspan="3">收款单位</td><td>账　号</td><td>32008071008</td><td rowspan="3">付款单位</td><td>账　号</td><td colspan="2">30000001597</td><td rowspan="5">此联给出票人的回单</td></tr>
<tr><td>户　名</td><td>南京市孔夫子办公耗材有限公司</td><td>户　名</td><td colspan="2">工行大光路支行</td></tr>
<tr><td>开户银行</td><td>工行大光路支行</td><td>开户银行</td><td colspan="2">工行大光路支行</td></tr>
<tr><td colspan="2">积数</td><td colspan="3">利率:0.98‰</td><td colspan="2">利息:186.00</td></tr>
<tr><td colspan="3">________户第 4 季度利息</td><td colspan="4">科　　目:________<br>对方科目:________<br>复核员:　　　记账员:张力</td></tr>
</table>

Doc.No.10 见书后凭证部分。

Doc.No.11

业务4、业务9

# 退货申请单

江苏中吉通讯有限公司　　地址：南京市中山北路9988号5F　　TEL：025-85007101　　FAX：025-85007102

| 供应商 | 南京市孔夫子办公耗材有限公司 | 电话 | 025-84999999 | 地址 | 南京市大光路555号 |
|---|---|---|---|---|---|
| 订购日期 | 2013年12月8日 | 订购单号 | ZJ070125 | | |
| 退货原因 | ☐与订购商品不符<br>☐商品数量不符<br>☑商品有瑕疵<br>其他______________（请填写原因） | | | ☐退款<br>☑冲减应付款 | 申请人签名：牛一飞<br>2013年12月18日 |

| 项目编码 | 项目描述 | 订购数量 | 接收数量 | 发票号 | 发票日期 | 退回数量 | 含税单价 | 金额 |
|---|---|---|---|---|---|---|---|---|
| 08AM001 | 爱普生墨盒 | 100 | 100 | #5958 | 2013-12-11 | 30 | 187.2 | 5 616.00 |
| | | | | | | | | |
| | | | | | | | | |
| | | | | | | | | |
| | | | | | | | | |
| | | | | | | | | |
| | | | | | | | | |

批准人：________　　批准日期：________

Doc.No.11

业务 9

# 开具红字增值税专用发票通知单

填开日期:2013年12月23日　　No.534

| 销售方 | 名称 | 南京市孔夫子办公耗材有限公司 | 购买方 | 名称 | 江苏中吉通讯有限公司 |
|---|---|---|---|---|---|
| | 税务登记代码 | 320103249703393 | | 税务登记代码 | 320103704143632 |
| 开具红字发票内容 | 货物(劳务)名称 | 单价 | 数量 | 金额 | 税额 |
| | 爱普生墨盒 | 160 | 30 | 4 800.00 | 816.00 |
| | 合计 | — | — | 4 800.00 | 816.00 |
| 说明 | 需要作进项税额转出☑<br>不需要作进项税额转出☐<br>纳税人识别号认证不符☐<br>专用发票代码、号码认证不符☐<br>对应蓝字专用发票密码区内打印的代码:______<br>号码:#5958<br>开具红字专用发票理由:货物退回 | | | | |

经办人:钱白盘　　负责人:萧白　　主管税务机关名称(印章):______

(印章:南京市下关区国家税务局)

注:1.本通知单一式三联:第一联,购买方主管税务机关留存;第二联,购买方送交销售方留存;第三联,购买方留存。

2.通知单应与申请单一一对应。

3.销售方应在开具红字专用发票后到主管税务机关进行核销。

Doc.No.12

业务15

# 采购订单

采购商:南京市孔夫子办公耗材有限公司
地址:南京市大光路555号
电话:025－84999999
传真:025－84999999
联系人:钱满库

订单号:332
日期:
税率:17%
付款:票到付款
运输方式:送货上门

| 序号 | 项目编码 | 描述 | 数量 | 含税单价 | 金额 |
| --- | --- | --- | --- | --- | --- |
| 1 | 12252 | 联想台式电脑Lenovo家悦S3010A | 1 | 5 499 | 5 499.00 |
| 合计 | | | | | ￥5 499.00 |

备注:

供应商:南京市满意100%办公用品有限公司
地址:南京市汉口西路199号2F
电话:025－83969999
传真:025－83969999

买方批准签章:

卖方批准签章:

第2联:财务联

Doc.No.12

业务13

# 采购订单

采购商:南京市孔夫子办公耗材有限公司
地址:南京市大光路555号
电话:025－84999999
传真:025－84999999
联系人:钱满库

订单号:334
日期:
税率:17%
付款:票到付款
运输方式:送货上门

| 序号 | 项目编码 | 描述 | 数量 | 含税单价 | 含税金额 |
| --- | --- | --- | --- | --- | --- |
| 1 | 8845 | 得力订书机10# | 2 | 7.02 | 14.04 |
| 2 | 7432 | 得力复写纸255*18/盒 | 2 | 11.7 | 23.40 |
| 3 | 7501 | 博士硬面笔记本2215/本 | 3 | 9.36 | 28.08 |
| 4 | 7206 | 尖宾复印纸(A4)8包/箱 | 5 | 163.8 | 819.00 |
| 5 | 5604 | 日本中性笔UB100 | 5 | 5.85 | 29.25 |
| 合计 | | | | | ￥913.77 |

备注:

供应商:南京市满意100%办公用品有限公司
地址:南京市汉口西路199号2F
电话:025－83969999
传真:025－83969999

买方批准签章:

卖方批准签章:

第2联:财务联

Doc.No.13 见书后凭证部分

业务 1

# 南京市地方税务局

## 网上申报电子缴税(费)专用凭证

地电子票号:F12101804870

纳税人全称:南京市孔夫子办公耗材有限公司　　管理码:9999999

纳税人识别号:　　扣款日期:2013-12-15 23:59:59.0

纳税人付款账号:3200159890005250055　　交易流水号:13af9900099

征收机关名称:南京市地方税务局

| 科目名称 | 品名名称 | 所属时期 | 计税依据 | 实缴金额 |
| --- | --- | --- | --- | --- |
| 养老保险基金 | 养老保险基金 | 20131101 至 20131130 | 25 300.00 | 7 084.00 |
| 失业保险基金 | 失业保险基金 | 20131101 至 20131130 | 25 300.00 | 759.00 |
| 基本医疗保险基金 | 基本医疗保险基金 | 20131101 至 20131130 | 25 300.00 | 2 530.00 |
| 工伤保险基金 | 工伤保险基金 | 20131101 至 20131130 | 25 300.00 | 253.00 |

大写(合计)金额:人民币壹万零陆佰贰拾陆圆整　　¥ 10 626.00

备注:1.网上自行打印的地方税费电子缴款凭证必须与银行对账单电子划款记录核对一致后方可作为有效的记账凭证(即两者必须同时作为记账凭证的附件)。2.网上自行打印的地方税费电子缴款凭证,仅供纳税人作缴纳税(费)记账凭证使用,须打印生成,手工填写无效;如有特殊需要,可凭银行对账单和其他有效证件到主管税务机关开具正式的《税收转账专用完税证》。

Doc.No.16

业务 14

中国工商银行
转账支票存根
支票号码 XII415135
科 目
对方科目
签发日期 年 月 日

收款人：
金 额：
用 途：
备 注：

单位主管 会计

中国工商银行转账支票（苏） XII415135

出票日期（大写） 年 月 日 付款行名称：
收款人： 出票人账号：

本支票付款期限十天

| 人民币（大写） | 亿 | 千 | 百 | 十 | 万 | 千 | 百 | 十 | 元 | 角 | 分 |
|---|---|---|---|---|---|---|---|---|---|---|---|
| | | | | | | | | | | | |

用途：
上列款项请从
我账户内支付
出票人盖章

密码
科目(借)
对方科目(贷)
转账日期 年 月 日
复核 记账

Doc.No.16

业务 19

中国工商银行
现金支票存根
支票号码 10604225
科 目
对方科目
签发日期 年 月 日

收款人：
金 额：
用 途：
备 注

单位主管 会计

中国建设银行转账支票（苏） 10604225

出票日期（大写） 年 月 日 付款行名称：
收款人： 出票人账号：

本支票付款期限十天

| 人民币（大写） | 亿 | 千 | 百 | 十 | 万 | 千 | 百 | 十 | 元 | 角 | 分 |
|---|---|---|---|---|---|---|---|---|---|---|---|
| | | | | | | | | | | | |

用途：
上列款项请从
我账户内支付
出票人盖章

密码
科目(借)
对方科目(贷)
转账日期 年 月 日
复核 记账

| 附加信息： | 附加信息 | 被背书人 |
| --- | --- | --- |
| | | 背书人签章<br>年　月　日 |

| 附加信息： | 附加信息 | 被背书人 |
| --- | --- | --- |
| | | 背书人签章<br>年　月　日 |

Doc.No.16

业务 18

| 中国工商银行<br>转账支票存根 | 中国工商银行转账支票(苏) XII415135 |
|---|---|
| 支票号码 XII415135<br>科 目<br>对方科目<br>签发日期 年 月 日<br>收款人:<br>金 额:<br>用 途:<br>备 注:<br>单位主管 会计 | 本支票付款期限十天<br>出票日期(大写) 年 月 日 付款行名称:<br>收款人: 出票人账号:<br>人民币(大写) 亿 千 百 十 万 千 百 十 元 角 分<br>用途:<br>上列款项请从我账户内支付<br>出票人盖章<br>密码<br>科目(借)<br>对方科目(贷)<br>转账日期 年 月 日<br>复核 记账 |

Doc.No.16

业务 1

| 中国工商银行<br>现金支票存根 | 中国建设银行转账支票(苏) 10604225 |
|---|---|
| 支票号码 10604225<br>科 目<br>对方科目<br>签发日期 年 月 日<br>收款人:<br>金 额:<br>用 途:<br>备 注<br>单位主管 会计 | 本支票付款期限十天<br>出票日期(大写) 年 月 日 付款行名称:<br>收款人: 出票人账号:<br>人民币(大写) 亿 千 百 十 万 千 百 十 元 角 分<br>用途:<br>上列款项请从我账户内支付<br>出票人盖章<br>密码<br>科目(借)<br>对方科目(贷)<br>转账日期 年 月 日<br>复核 记账 |

Doc.No.17

业务 19

## 南京孔夫子办公耗材有限公司

### 2013年12月份考勤记录表

| 姓名 | 满勤 | 事假天数 | 病假天数 | 迟到早退天数 | …… | 备注 |
|---|---|---|---|---|---|---|
| 王到 | √ | | | | | |
| 余德水 | √ | | | | | |
| 钱满库 | | | | 2 | | |
| 马千里 | | 0.5 | | | | |
| 都督 | √ | | | | | |
| | | | | | | |
| | | | | | | |

说明:迟到早退扣款方法:20元/次;事假计算基数为基本工资,按每月平均20天计算日工资,保留整数。

审核: 制表:都督

<table>
<tr><td rowspan="2">附加信息：</td><td rowspan="2">附加信息</td><td>被背书人</td><td></td></tr>
<tr><td colspan="2">背书人签章<br>年　月　日</td></tr>
</table>

<table>
<tr><td rowspan="2">附加信息：</td><td rowspan="2">附加信息</td><td>被背书人</td><td></td></tr>
<tr><td colspan="2">背书人签章<br>年　月　日</td></tr>
</table>

Doc.No.17

业务19

# 五险一金计提表

2013年11月30日　　　　单位:元

| 应借科目 | 姓名 | 职位 | 基本工资 | "五险一金"企业承担部分 | | | | | | | "五险一金"个人承担部分 | | | | | |
|---|---|---|---|---|---|---|---|---|---|---|---|---|---|---|---|---|
| | | | | 养老保险(20%) | 医疗保险(8%) | 失业保险(2%) | 工伤保险(1%) | 社会保险费小计 | 住房公积金(12%) | 合计 | 养老保险(8%) | 医疗保险(2%) | 失业保险(1%) | 社会保险费小计 | 住房公积金(12%) | 合计 |
| 管理费用 | 王到 | 总经理 | 8 000 | 1 600 | 640 | 160 | 80 | 2 480 | 960 | 3 440 | 640 | 160 | 80 | 880 | 960 | 1 840 |
| | 钱满库 | 采购 | 4 500 | 900 | 360 | 90 | 45 | 1 395 | 540 | 1 935 | 360 | 90 | 45 | 495 | 540 | 1 035 |
| | 马千里 | 出纳 | 3 800 | 760 | 304 | 76 | 38 | 1 178 | 456 | 1 634 | 304 | 76 | 38 | 418 | 456 | 874 |
| | 都督 | 会计 | 4 500 | 900 | 360 | 90 | 45 | 1 395 | 540 | 1 935 | 360 | 90 | 45 | 495 | 540 | 1 035 |
| | 小计 | | 20 800 | 4 160 | 1 664 | 416 | 208 | 6 448 | 2 496 | 8 944 | 1 664 | 416 | 208 | 2 288 | 2496 | 4 784 |
| 销售费用 | 余德水 | 销售 | 4 500 | 900 | 360 | 90 | 45 | 1 395 | 540 | 1 935 | 360 | 90 | 45 | 495 | 540 | 1 035 |
| 合计 | | | 25 300 | 5 060 | 2 024 | 506 | 253 | 7 843 | 3 036 | 10 879 | 2 024 | 506 | 253 | 2 783 | 3 036 | 5 819 |

11月计提：借：销售费用——住房公积金　　540

　　　　　　　　　——社会保险费　　1 395

　　　　　　管理费用——住房公积金　　2 496

　　　　　　　　　——社会保险费　　6 448

　　　　贷:应付职工薪酬——住房公积金　　3 036

　　　　　　　　　　——社会保险费　　7 843

12月支付:借:应付职工薪酬——住房公积金　　3 036

　　　　　　　　　　——社会保险费　　7 843

　　　　其他应付款——代缴个人住房公积金　　3 036

　　　　　　　　——代缴个人社会保险费　　2 783

　　　贷:银行存款　　16 698

Doc.No.17

业务19

# 五险一金计提表

2013年12月31日　　　　单位:元

| 应借科目 | 姓名 | 职位 | 基本工资 | "五险一金"企业承担部分 | | | | | | | "五险一金"个人承担部分 | | | | | |
|---|---|---|---|---|---|---|---|---|---|---|---|---|---|---|---|---|
| | | | | 养老保险(20%) | 医疗保险(8%) | 失业保险(2%) | 工伤保险(1%) | 社会保险费小计 | 住房公积金(12%) | 合计 | 养老保险(8%) | 医疗保险(2%) | 失业保险(1%) | 社会保险费小计 | 住房公积金(12%) | 合计 |
| 管理费用 | 王到 | 总经理 | | | | | | | | | | | | | | |
| | 钱满库 | 采购 | | | | | | | | | | | | | | |
| | 马千里 | 出纳 | | | | | | | | | | | | | | |
| | 都督 | 会计 | | | | | | | | | | | | | | |
| | 小计 | | | | | | | | | | | | | | | |
| 销售费用 | 余德水 | 销售 | | | | | | | | | | | | | | |
| 合计 | | | | | | | | | | | | | | | | |

Doc.No.17

业务 19

# 工资结算表

2013 年 11 月 30 日　　　　单位:元

| 应借科目 | 姓名 | 职位 | 基本工资 | 津贴 | 奖金 | 缺勤应扣 | | 应付工资 | 计税工资 | 代扣款项 | | | 实发工资 | 签收 |
|---|---|---|---|---|---|---|---|---|---|---|---|---|---|---|
| | | | | | | 事假 | 迟到早退 | | | 代扣个人所得税 | 代缴社会保险费（个人） | 代缴住房公积金（个人） | | |
| 管理费用 | 王到 | 总经理 | 8 000 | 1 000 | | | | 9 000 | 7 160 | 261 | 880 | 960 | 6 899 | 王到 |
| | 钱满库 | 采购 | 4 500 | 400 | | | | 4 900 | 3 865 | 10.95 | 495 | 540 | 3 854.05 | 钱满库 |
| | 马千里 | 出纳 | 3 800 | 400 | | | | 4 200 | 3 326 | 0 | 418 | 456 | 3 326 | 马千里 |
| | 都督 | 会计 | 4 500 | 400 | | | | 4 900 | 3 865 | 10.95 | 495 | 540 | 3 854.05 | 都督 |
| | 小计 | | 20 800 | 2 200 | | | | 23 000 | 18 216 | 282.9 | 2 288 | 2 496 | 17 933.1 | |
| 销售费用 | 余德水 | 销售 | 4 500 | 400 | 300 | | | 5 200 | 4 165 | 19.95 | 495 | 540 | 4 145.05 | 余德水 |
| 合计 | | | 25 300 | 2 600 | 300 | | | 28 200 | 22 381 | 302.85 | 2 783 | 3 036 | 22 078.15 | |

借：管理费用——工资　　23 000

　　销售费用——工资　　5 200

　贷：应付职工薪酬——工资　　28 200

借：应付职工薪酬——工资　　28 200

　贷：应交税费——应交个人所得税　　302.85

　　　其他应付款——代缴个人住房公积金　　3 036.00

　　　　　　　　——代缴个人社会保险费　　2 783.00

　　　银行存款　　22 078.15

---

Doc.No.18

业务 14

# 南京市广告业统一发票

发票代码:23201067171

客户名称:南京市孔夫子办公耗材有限公司　　2013 年 12 月 30 日　　发票号码:02192501

| 项目 | 摘要 | 单位 | 数量 | 单价 | 金额 | | | | | | | |
|---|---|---|---|---|---|---|---|---|---|---|---|---|
| | | | | | 十 | 万 | 千 | 百 | 十 | 元 | 角 | 分 |
| 圣诞节广告费 | 4次1/4版面 | 次 | 4 | 250 | | | 1 | 0 | 0 | 0 | 0 | 0 |
| | | | | | | | | | | | | |
| | | | | | | | | | | | | |
| | | | | | | | | | | | | |
| 金额大写（人民币合计）　拾　万　壹仟　零佰零拾　零元　零角　零分 | | | | | | | | | | | | |

第二联　发票联

南京日报社发展有限责任公司 发票专用章

收款单位（盖发票专用章有效）　　开票人：刘飞

Doc.No.17

业务19

# 工资结算表

2013年12月31日

单位:元

| 应借科目 | 姓名 | 职位 | 基本工资 | 津贴 | 奖金 | 缺勤应扣 | | 应付工资 | 计税工资 | 代扣款项 | | | 实发工资 | 签收 |
|---|---|---|---|---|---|---|---|---|---|---|---|---|---|---|
| | | | | | | 事假 | 迟到早退 | | | 代扣个人所得税 | 代缴社会保险费(个人) | 代缴住房公积金(个人) | | |
| 管理费用 | 王到 | 总经理 | | | | | | | | | | | | |
| | 钱满库 | 采购 | | | | | | | | | | | | |
| | 马千里 | 出纳 | | | | | | | | | | | | |
| | 都督 | 会计 | | | | | | | | | | | | |
| | 小计 | | | | | | | | | | | | | |
| 销售费用 | 余德水 | 销售 | | | | | | | | | | | | |
| 合计 | | | | | | | | | | | | | | |

说明：1.实发工资＝应付工资-“五险一金”个人承担部分-代扣个人所得税。

2.代缴社会保险费（个人）栏和代缴住房公积金（个人）数据来自“五险一金”计提表中社会保险费小计栏和住房公积金栏。

3.计税工资=应付工资-代缴社会保险费（个人）-代缴住房公积金（个人）。

4.自2011年9月1日起，个税起征点调高至3 500元，故应纳个人所得额=计税工资-3 500。

5.附我国2012年实行的7级超额累进个人所得税税率表。

## 个人所得税税率表

| 级数 | 全月应纳税所得额 | 税率(%) | 速算扣除数 |
|---|---|---|---|
| 1 | ≤1 500元 | 3 | 0 |
| 2 | 1 500～4 500元 | 10 | 105 |
| 3 | 4 500～9 000元 | 20 | 555 |
| 4 | 9 000～35 000元 | 25 | 1 005 |
| 5 | 35 000～55 000元 | 30 | 2 755 |
| 6 | 55 000～80 000元 | 35 | 5 505 |
| 7 | ≥80 000元 | 45 | 13 505 |

6. 既可按上表手工计算个人所得税（应纳个人所得税额=应纳税所得额×适用税率-速算扣除数），也可以使用个人所得税计算器（网址：http://finance.21cn.com/bank/computer/tax.html），在“收入总额”栏输入应付工资金额，“税前扣除的五险一金”栏输入代缴社会保险费（个人）加上代缴住房公积金（个人）的合计金额，再点击“计算”按钮即可得应缴个税金额。

审核：　　　　制表：都督

Doc.No.18

业务 7

## 江苏省电信有限公司南京分公司营业收款专用发票

发票联

发票代码:232010543217

发票号码:18511999

**开票日期：**2013年12月20日

| 付款方 | 全　称 | 南京市孔夫子办公耗材有限公司 | | | 收款方 | 全　称 | 南京市电信局 |
|---|---|---|---|---|---|---|---|
| | 账号或地址 | 32008071008 | | | | 账　号 | 16030058363803300 |
| | 开户银行 | 工行大光路支行 | 行号 | | | 开户银行 | 建行南京市分行 |

| 收费金额人民币(大写) | 贰佰陆拾圆整 | 十 | 万 | 千 | 百 | 十 | 元 | 角 | 分 |
|---|---|---|---|---|---|---|---|---|---|
| | | | | ¥ | 2 | 6 | 0 | 0 | 0 |

| 款项性质 | 2013年12月份电信业务费用 | 合同号码 | 2962580 | 附寄单证张数 | 1 |
|---|---|---|---|---|---|

备注：业务号码：84585289

固话/PHS月租费 25.00　市话费 153.36　功能使用费 6.00　上期余额

长途话费 76.00

实收款：260.00　本期余额 0.48

Doc.No.18

业务 15

## 增值税专用发票

发　票　联

№09740810

开票日期：2013年12月25日

| 购货单位 | 名称：南京市孔夫子办公耗材有限公司<br>纳税人识别号：320103249703393<br>地址、电话：南京市大光路555号 025-84999999<br>开户行及账号：工行大光路支行 32008071008 | 密码区 | 296514244/>+<2169<-< 加密版本： 01* +-<br>498-</153<- 11- 21　84114612193*- 7- 01><br>21784575884356<7+0　047816249/02/254<>-><br>>99<>-1 75132<>*-47 |
|---|---|---|---|

| 货物或应税劳务名称 | 规格型号 | 单位 | 数量 | 单价 | 金额 | 税率 | 税额 |
|---|---|---|---|---|---|---|---|
| 联想台式电脑 | 家悦 S3010A | 台 | 1 | 4 700.00 | 4 700.00 | 17% | 799.00 |
| 价税合计 | | | | | ¥4 700.00 | 17% | ¥799.00 |
| 合　计 | 伍仟肆佰玖拾玖圆整 | | | | （小写）¥5 499.00 | | |

| 销货单位 | 名称：南京市满意100%办公用品有限公司<br>纳税人识别号：320106780660471<br>地址、电话：南京市汉口西路199号 2F<br>开户行及账号：建行 3321 5299 8010 2101070 | 备注 | |
|---|---|---|---|

收款人：　复核：　开票人：江　山　销售单位：（章）

第二联：发票联　购货方记账凭证

Doc.No.18

业务 15

# 增值税专用发票

抵　扣　联

№09740810

开票日期：2013年12月25日

| 购货单位 | 名　　称：南京市孔夫子办公耗材有限公司<br>纳税人识别号：320103249703393<br>地 址、电 话：南京市大光路555号 025-84999999<br>开户行及账号：工行大光路支行 32008071008 | 密码区 | 296514244/>+2169<-<加密版本：01*+-498-</<br>153<- 11- 21 84114612193*- 7- 01><br>21784575884356<7+0 047816249/02/254<>-><br>>99<>-1 75132<>*-47 |
|---|---|---|---|

| 货物或应税劳务名称 | 规格型号 | 单位 | 数量 | 单价 | 金额 | 税率 | 税额 |
|---|---|---|---|---|---|---|---|
| 联想台式电脑 | 家悦S 3010A | 台 | 1 | 4 700.00 | 4 700.00 | 17% | 799.00 |
| 价税合计 | | | | | ¥4 700.00 | 17% | ¥799.00 |
| 合　计 | 伍仟肆佰玖拾玖圆整 | | | | （小写）¥5 499.00 | | |

| 销货单位 | 名　　称：南京市满意100%办公用品有限公司<br>纳税人识别号：320106780660471<br>地 址、电 话：南京市汉口西路199号2F<br>开户行及账号：建行 3321 5299 8010 2101070 | 备注 | |
|---|---|---|---|

收款人：　　复核：　　开票人：江　山　　销售单位：（章）

第三联：抵扣联　购货方抵扣凭证

Doc.No.18

业务 13

# 增值税专用发票

发　票　联

№09740802

开票日期：2013年12月23日

| 购货单位 | 名　　称：南京市孔夫子办公耗材有限公司<br>纳税人识别号：320103249703393<br>地 址、电 话：南京市大光路555号 025-84999999<br>开户行及账号：工行大光路支行 32008071008 | 密码区 | 296514235/>+<2178<-< 加密版本：01*+-<br>498-</153<- 11- 21 84114612145*- 7- 01><br>21784575884356<7+0 047815299/02/254<>->><br>99<>-1 75129<>*-45 |
|---|---|---|---|

| 货物或应税劳务名称 | 规格型号 | 单位 | 数量 | 单价 | 金额 | 税率 | 税额 |
|---|---|---|---|---|---|---|---|
| 得力订书机 | | 个 | 2 | 6.00 | 12.00 | 17% | 2.04 |
| 得力复写纸 | | 盒 | 2 | 10.00 | 20.00 | 17% | 3.40 |
| 博士硬面笔记本 | | 本 | 3 | 8.00 | 24.00 | 17% | 4.08 |
| 尖宾复印纸 | | 箱 | 5 | 140.00 | 700.00 | 17% | 119.00 |
| 中性笔 | | 支 | 5 | 5.00 | 25.00 | 17% | 4.25 |
| 价税合计 | | | | | ¥781.00 | 17% | ¥132.77 |
| 合　计 | 玖佰壹拾叁圆柒角柒分 | | | | （小写）¥913.77 | | |

| 销货单位 | 名　　称：南京市满意100%办公用品有限公司<br>纳税人识别号：320106780660471<br>地 址、电 话：南京市汉口西路199号2F<br>开户行及账号：建行 3321 5299 8010 2101070 | 备注 | |
|---|---|---|---|

收款人：　　复核：　　开票人：江　山　　销售单位：（章）

第二联：发票联　购货方记账凭证

Doc.No.18

业务 11

## 增值税专用发票

上海市

发　票　联

№00018719

开票日期：2013年12月21日

| 购货单位 | 名　称：南京市孔夫子办公耗材有限公司<br>纳税人识别号：320103249703393<br>地址、电话：南京市大光路555号 025-84999999<br>开户行及账号：工行大光路支行 32008071008 | | | | 密码区 | 254861835/>+<1458<-< 加密版本：01*+-457-</148<- 77- 85 841589712145*- 4- 85>8794575884152<7+0 147814129/86/278<>->>98<>-1 784169<>*-45 | | |
|---|---|---|---|---|---|---|---|---|
| 货物或应税劳务名称 | 规格型号 | 单位 | 数量 | 单价 | 金额 | 税率 | 税额 | |
| 硒鼓 | | 个 | 200 | 300.00 | 60 000.00 | 17% | 10 200.00 | |
| 墨盒 | | 个 | 200 | 158.00 | 31 600.00 | 17% | 5 372.00 | |
| 价税合计 | | | | | ¥91 600.00 | 17% | ¥15 572.00 | |
| 合　计 | 壹拾万柒仟壹佰柒拾贰圆整 | | | | （小写）¥107 172.00 | | | |
| 销货单位 | 名　称：上海得欣文化用品制造有限公司<br>纳税人识别号：上海市东川路5555号<br>地址、电话：310228748096874<br>开户行及账号：招商银行 10803516001 | | | | 备注 | 上海得欣文化用品制造有限公司 发票专用章 | | |

收款人：　　复核：　　开票人：杨　群　　销售单位：（章）

第二联：发票联　购货方记账凭证

Doc.No.18

业务 13

## 增值税专用发票

南京市

抵　扣　联

№09740802

开票日期：2013年12月23日

| 购货单位 | 名　称：南京市孔夫子办公耗材有限公司<br>纳税人识别号：320103249703393<br>地址、电话：南京市大光路555号 025-84999999<br>开户行及账号：工行大光路支行 32008071008 | | | | 密码区 | 2965142/>+<2178<-< 加密版本：01*+-498-</153<- 11- 21 841146121455*- 7- 01>21784575883456<7+0 047815299/02/254<>->>99<>-1 75129<>*-45 | | |
|---|---|---|---|---|---|---|---|---|
| 货物或应税劳务名称 | 规格型号 | 单位 | 数量 | 单价 | 金额 | 税率 | 税额 | |
| 得力订书机 | | 个 | 2 | 6.00 | 12.00 | 17% | 2.04 | |
| 得力复写纸 | | 盒 | 2 | 10.00 | 20.00 | 17% | 3.40 | |
| 博士硬面笔记本 | | 本 | 3 | 8.00 | 24.00 | 17% | 4.08 | |
| 尖宾复印纸 | | 箱 | 5 | 140.00 | 700.00 | 17% | 119.00 | |
| 中性笔 | | 支 | 5 | 5.00 | 25.00 | 17% | 4.25 | |
| 价税合计 | | | | | ¥781.00 | 17% | ¥132.77 | |
| 合　计 | 玖佰壹拾叁圆柒角柒分 | | | | （小写）¥913.77 | | | |
| 销货单位 | 名　称：南京市满意100%办公用品有限公司<br>纳税人识别号：320106780660471<br>地址、电话：南京市汉口西路199号2F<br>开户行及账号：建行 3321 5299 8010 2101070 | | | | 备注 | 南京市满意100%办公用品有限公司 发票专用章 | | |

收款人：　　复核：　　开票人：江　山　　销售单位：（章）

第三联：抵扣联　购货方抵扣凭证

业务 11

# 增值税专用发票

抵　扣　联

№00018719

开票日期：2013年12月21日

| 购货单位 | 名　　　称：南京市孔夫子办公耗材有限公司<br>纳税人识别号：320103249703393<br>地　址、电　话：南京市大光路555号 025-84999999<br>开户行及账号：工行大光路支行 32008071008 | 密码区 | 254861835/>+<1458<-< 加密版本：01*+-<br>457-</148<- 77- 85 841589712145*- 4- 85><br>8794575884152<7+0 147814129/86/278<>->><br>98<>-1 784169<>*-45 |
|---|---|---|---|

| 货物或应税劳务名称 | 规格型号 | 单位 | 数量 | 单价 | 金额 | 税率 | 税额 |
|---|---|---|---|---|---|---|---|
| 硒鼓 | | 个 | 200 | 300.00 | 60 000.00 | 17% | 10 200.00 |
| 墨盒 | | 个 | 200 | 158.00 | 31 600.00 | 17% | 5 372.00 |
| 价税合计 | | | | | ￥91 600.00 | 17% | ￥15 572.00 |
| 合　计 | 壹拾万柒仟壹佰柒拾贰圆整 | | | | （小写）￥107 172.00 | | |

| 销货单位 | 名　　　称：上海得欣文化用品制造有限公司<br>纳税人识别号：上海市东川路5555号<br>地　址、电　话：310228748096874<br>开户行及账号：招商银行 10803516001 | 备注 | 上海得欣文化用品制造有限公司 发票专用章 |
|---|---|---|---|

收款人：　　　　复核：　　　　开票人：杨　群　　　　销售单位：（章）

第三联：抵扣联　购货方抵扣凭证

电费发票

Doc.No.18

业务 7

# 江苏省电力公司普通电费发票

发　票　联

发票代码：232010662528

户号：0005000836　　　　开票日期 2013年12月19日　　　　发票号码 05976632

| 户名 | 南京市孔夫子办公耗材有限公司 | 地址 | 南京市大光路555号 |
|---|---|---|---|
| 款项性质 | 电费:2013年12月 | 代收机构 | |

| 用电信息及收费详情 | | 平段 | 峰段 | 谷段 | 无功 | 其他收费项目 | 单价 | 金额 |
|---|---|---|---|---|---|---|---|---|
| | 止码 | 58686 | | | | 可再生能源 | 0.0010 | 0.385 |
| | 起码 | 58301 | | | | 城镇附加 | 0.0100 | 3.85 |
| | 倍率 | | | | | 农网维护 | 0.0188 | 7.238 |
| | 计量电量 | 385 | | | | 国家后扶 | 0.0083 | 3.1955 |
| | 电价 | 0.6464 | 1.1635 | 0.1303 | | 省级后扶 | 0.0005 | 0.1925 |
| | 电费 | 248.86 | | | | | | |

| 合计金额（大写）：贰佰陆拾叁圆柒角贰分 | 合计金额（小写）￥263.72 |
|---|---|

江苏省电力公司普通电费发票专用章

收费专章：　　　　收款人 7C105　　　　开票人 7C105　　　　合同号：35W60978

Doc.No.19

业务8

# 广东省河源市人民法院

# 民事裁定书

(2013)河法破字第021号

债务人：河源同芯电子科技股份有限公司

法定代表人：黄耀昌，职务：董事长

管理人：致人清算事务所有限责任公司

项目负责人：王勃，项目组组长

本院于2012年12月10日裁定受理了债务人同芯股份有限公司的破产申请，并指定致人清算事务所有限责任公司为管理人。管理人致人清算事务所有限责任公司审查认定债务人同芯股份有限公司不能清偿到期债务呈连续状态；完美会计师事务所审计评估并经2013年2月15日第一次债权人会议核查，确认债务人同芯股份有限公司2013年2月15日的资产公允价值为789 546元，实际负债256 463 289元，资产负债率324.82%，资不抵债255 673 743元。根据管理人致人清算事务所有限责任公司的申请，本案合议庭审理后认为，债务人同芯股份有限公司已达到破产条件。根据《中华人民共和国企业破产法》第二条第一款“企业法人不能清偿到期债务，并且资产不足以清偿全部债务或者明显缺乏清偿能力的，依照本法规定清理债务”、第七条第一款“债务人有本法第二条规定的情形，可以向人民法院提出重整、和解或者破产清算申请”的规定，裁定如下：

宣告债务人同芯股份有限公司破产还债。

审判长：朱自清

审判员：全智贤

审判员：廖凯欢

本件与原本核对无异　　二〇一三年十二月八日

书记员：郑善美

Doc.No.20

月末结账用

# 科目汇总表

单位:元

| 科目名称 | 借方发生额 | 贷方发生额 |
|---|---|---|
| 库存现金 | | |
| 银行存款 | | |
| 应收账款 | | |
| 坏账准备 | | |
| 库存商品 | | |
| 固定资产 | | |
| 累计折旧 | | |
| 应付账款 | | |
| 应付职工薪酬 | | |
| 应交税费 | | |
| 其他应付款 | | |
| 本年利润 | | |
| 利润分配 | | |
| 主营业务收入 | | |
| 主营业务成本 | | |
| 营业税金及附加 | | |
| 销售费用 | | |
| 管理费用 | | |
| 财务费用 | | |
| 资产减值损失 | | |
| 所得税费用 | | |

Doc.No.21

月末结账用

# 南京市孔夫子办公耗材有限公司应收账款对账单

客户名称： 公司名称：南京市孔夫子办公耗材有限公司
地址： 地址：南京市大光路555号
电话： 联系人：都督 电话/传真：025－84999999

我公司与贵公司交易信息如下，请贵公司详细核对后于二周内回复。谢谢！
截止到____年__月__日，贵公司尚有________元账款尚未向我公司支付，其明细如下：

| 记账日期 | 客户订单号 | 发票号码 | 应收款 | 收到款 | 应收余额 |
|---|---|---|---|---|---|
| | | | | | |
| | | | | | |
| | | | | | |
| | | | | | |

如果确认，请在此处签名或盖章

如果有异议请在此处列明并签章，或在对账单背面附上贵公司的应付账款明细

Doc.No.22

月末结账用

# 银行存款余额调节表

单位:元

单位名称:南京市孔夫子办公耗材有限公司　　　　盘点日:2013年11月30日

| 银行对账单余额 | | 208 915.70 | 日记账账面余额 | | 185 550.70 |
|---|---|---|---|---|---|
| 加:<br>银行未收<br>单位已收 | 内容 | 金额 | 加:<br>银行已收<br>单位未收 | 内容 | 金额 |
| | | | | 销售收款 | 23 400.00 |
| | | | | | |
| | | | | | |
| | | | | | |
| | | | | | |
| | | | | | |
| | | | | | |
| 小计 | | | 小计 | | 23 400.00 |
| 减:<br>单位已付<br>银行未付 | 内容 | 金额 | 减:<br>银行已付<br>单位未付 | 内容 | 金额 |
| | | | | 银行手续费 | 35.00 |
| | | | | | |
| | | | | | |
| | | | | | |
| | | | | | |
| | | | | | |
| | | | | | |
| 小计 | | 0 | 小计 | | 35.00 |
| 调整后余额 | | 208 915.70 | 调整后余额 | | 208 915.70 |

制表人:都督

Doc.No.22

月末结账用

# 银行存款余额调节表

单位：元

单位名称：　　　　　　　　　　　　　　　　　　　　　　　　盘点日：　年　月　日

<table>
<tr><td colspan="2">银行对账单余额</td><td></td><td colspan="2">日记账账面余额</td><td></td></tr>
<tr><td rowspan="8">加：<br>银行未收<br>单位已收</td><td>内容</td><td>金额</td><td rowspan="8">加：<br>银行已收<br>单位未收</td><td>内容</td><td>金额</td></tr>
<tr><td></td><td></td><td></td><td></td></tr>
<tr><td></td><td></td><td></td><td></td></tr>
<tr><td></td><td></td><td></td><td></td></tr>
<tr><td></td><td></td><td></td><td></td></tr>
<tr><td></td><td></td><td></td><td></td></tr>
<tr><td></td><td></td><td></td><td></td></tr>
<tr><td></td><td></td><td></td><td></td></tr>
<tr><td colspan="2">小计</td><td></td><td colspan="2">小计</td><td></td></tr>
<tr><td rowspan="8">减：<br>单位已付<br>银行未付</td><td>内容</td><td>金额</td><td rowspan="8">减：<br>银行已付<br>单位未付</td><td>内容</td><td>金额</td></tr>
<tr><td></td><td></td><td></td><td></td></tr>
<tr><td></td><td></td><td></td><td></td></tr>
<tr><td></td><td></td><td></td><td></td></tr>
<tr><td></td><td></td><td></td><td></td></tr>
<tr><td></td><td></td><td></td><td></td></tr>
<tr><td></td><td></td><td></td><td></td></tr>
<tr><td></td><td></td><td></td><td></td></tr>
<tr><td colspan="2">小计</td><td></td><td colspan="2">小计</td><td></td></tr>
<tr><td colspan="2">调整后余额</td><td></td><td colspan="2">调整后余额</td><td></td></tr>
</table>

制表人：

Doc.No.23

月末结账用

# 中国工商银行南京市大光路支行对账单

单位:元

账号:32008071008　　单位名称:南京市孔夫子办公耗材有限公司　　第 1 页

| 日期 | 交易 | 凭证号 | 收入 | 支出 | 余额 |
|---|---|---|---|---|---|
| 承上页 | | | | | 208 915.70 |
| 12月9日 | 转账 | | | 40 000.00 | 168 915.70 |
| 12月10日 | 支付采购款 | | | 104 949.00 | 63 966.70 |
| 12月11日 | 收货款 | | 63 180.00 | | 127 146.70 |
| 12月13日 | 代收销货款 | | 70 200.00 | | 197 346.70 |
| 12月18日 | 支付采购款 | | | 35 000.00 | 162 346.70 |
| 12月20日 | 电费扣款 | | | 263.72 | 162 082.98 |
| 12月21日 | 电话费扣款 | | | 260.00 | 161 822.98 |
| 12月22日 | 收货款 | | 28 080.00 | | 189 902.98 |
| 12月25日 | 收货款 | | 108 494.00 | | 298 396.98 |
| 12月26日 | 广告费 | | | 1 000.00 | 297 396.98 |
| 12月28日 | 银行利息 | | 186.00 | | 297 582.98 |
| 12月31日 | 手续费扣款 | | | 25.00 | 297 557.98 |
| 12月31日 | 支付采购款 | | | 107 172.00 | 190 385.98 |
| 12月31日 | 提现 | | | 21 500.00 | 168 885.98 |

Doc.No.23

# 中国建设银行南京市大光路支行对账单

单位:元

账号:32001598900005250055　　单位名称:南京市孔夫子办公耗材有限公司　　第 1 页

| 日期 | 交易 | 凭证号 | 收入 | 支出 | 余额 |
|---|---|---|---|---|---|
| 承上页 | | | | | 37 682.15 |
| 12月9日 | 转账 | | 40 000.00 | | 77 682.15 |
| 12月10日 | 11月增值税扣款 | | | 8 143.00 | 69 539.15 |
| 12月10日 | 11月地税扣款 | | | 1 117.15 | 68 422.00 |
| 12月15日 | 社保扣款 | | | 10 626.00 | 57 796.00 |
| 12月16日 | 公积金扣款 | | | 6 072.00 | 51 724.00 |

月末结账用

# 增值税纳税申报表

（适用于一般纳税人）

根据《中华人民共和国增值税暂行条例》第二十二条和第二十三条的规定。纳税人不论有无销售额，均应按主管税务机关核定的纳税期限按期填报本表，并于次月一日起十日内，向当地税务机关申报。

税款所属时间：自_____年__月__日至_____年__月__日填表日期：　年　月　日　　　　金额单位：元至角分

| 纳税人识别号： | | 增值税纳税类型：<br>电脑编码： | | 所属行业： | |
|---|---|---|---|---|---|
| 纳税人名称 | | 法定代表人姓名 | | 注册地址 | | 营业地址 | |
| 开户银行及账号 | | 企业登记注册类型 | | | | 电话号码 | |

| 项　目 | | 行次 | 一般货物及劳务 | | 即征即退货物及劳务 | |
|---|---|---|---|---|---|---|
| | | | 本月数 | 本年累计 | 本月数 | 本年累计 |
| 销售额 | （一）按适用税率征税货物及劳务销售额 | 1 | | | | |
| | 其中：应税货物销售额 | 2 | | | | |
| | 应税劳务销售额 | 3 | | | | |
| | 纳税检查调整的销售额 | 4 | | | | |
| | （二）按简易征收办法征税货物销售额 | 5 | | | | |
| | 其中：纳税检查调整的销售额 | 6 | | | | |
| | （三）免、抵、退办法出口货物销售额 | 7 | | | — | — |
| | （四）免税货物及劳务销售额 | 8 | | | — | — |
| | 其中：免税货物销售额 | 9 | | | — | — |
| | 免税劳务销售额 | 10 | | | — | — |
| 税款计算 | 销项税额 | 11 | | | | |
| | 进项税额 | 12 | | | | |
| | 上期留抵税额 | 13 | | — | | — |
| | 进项税额转出 | 14 | | | | |
| | 免抵退货物应退税额 | 15 | | | — | — |
| | 按适用税率计算的纳税检查应补缴税额 | 16 | | | — | — |
| | 应抵扣税额合计 | 17=12+13−14−15+16 | | — | | — |
| | 实际抵扣税额 | 18(若17<11则为17，否则为11) | | | | |
| | 应纳税额 | 19=11−18 | | | | |
| | 期末留抵税额 | 20=17−18 | | — | | — |
| | 按简易征收办法计算的应纳税额 | 21 | | | | |
| | 按简易征收办法计算的纳税检查应补缴税额 | 22 | | | — | — |
| | 应纳税额减征额 | 23 | | | | |
| | 应纳税额合计 | 24=19+21−23 | | | | |
| 税款缴纳 | 期初未缴税额（多缴为负数） | 25 | | | | |
| | 实收出口开具专用缴款书退税额 | 26 | | | — | — |
| | 本期已缴税额 | 27=28+29+30+31 | | | | |
| | 其中：①分次预缴税额 | 28 | | — | | — |
| | ②出口开具专用缴款书预缴税额 | 29 | | — | — | — |
| | ③本期缴纳上期应纳税额 | 30 | | | | |
| | ④本期缴纳欠缴税额 | 31 | | | | |
| | 期末未缴税额（多缴为负数） | 32=24+25+26−27 | | | | |
| | 其中：欠缴税额(≥0) | 33 | | — | | — |
| | 本期应补（退）税额 | 34=24−28−29 | | — | | — |
| | 即征即退实际退税额 | 35 | | — | | |
| | 期初未缴查补税额 | 36 | | | — | — |
| | 本期入库查补税额 | 37 | | | — | — |
| | 期末未缴查补税额 | 38=16+22+36−37 | | | — | — |
| 授权声明 | 如果你已委托代理人申报，请填写下列资料：<br>为代理一切税务事宜，<br>（地址）　　　为本纳税人的代理申报人，<br>任何与本申报表有关的往来文件，都可寄予此人。<br>授权人签字： | | 申报人声明 | 此纳税申报表是根据《中华人民共和国增值税暂行条例》的规定填报的，我相信它是真实的、可靠的、完整的。<br>声明人签字： | | |

以下由税务机关填写：

收到日期：　　　　接收人：　　　　主管税务机关盖章：

Doc.No.25

月末结账用

# 试算平衡表

编制单位:南京市孔夫子办公耗材有限公司　　2013年12月31日　　单位:元

| 账户名称 | 2013年9月30日 结账后试算平衡 | | 2013年10月31日 结账后试算平衡 | | 2013年11月30日 结账后试算平衡 | | 2013年12月15日 试算平衡 | | 2013年12月31日 结账后试算平衡 | |
|---|---|---|---|---|---|---|---|---|---|---|
| | 借方 | 贷方 | 借方 | 贷方 | 借方 | 贷方 | 借方 | 贷方 | 借方 | 贷方 |
| 库存现金 | 1 200 | | 1 200.00 | | 1 200.00 | | 1 200.00 | | | |
| 银行存款 | 382 500 | | 156 597.85 | | 223 232.85 | | 230 768.70 | | | |
| 应收账款 | 17 000 | | 17 000.00 | | 101 860.00 | | 159 190.00 | | | |
| 坏账准备 | | 850.00 | | 850.00 | | 850.00 | | 850.00 | | |
| 库存商品 | 219 900 | | 285 900.00 | | 279 000.00 | | 140 040.00 | | | |
| 可供出售金融资产 | 56 350 | | 56 350.00 | | 56 350.00 | | 56 350.00 | | | |
| 固定资产 | 1 394 500 | | 1 394 500.00 | | 1 394 500.00 | | 1 439 500.00 | | | |
| 累计折旧 | | 522 606.25 | | 528 700.00 | | 534 793.75 | | 534 793.75 | | |
| 资产总计 | 2 071 450 | 523 456.25 | 1 911 547.85 | 529 550.00 | 2 056 142.85 | 535 643.75 | 2 027 048.70 | 535 643.75 | | |
| 应付账款 | | 138 294.00 | | 0.00 | | 104 949.00 | | 17 650.00 | | |
| 应付职工薪酬 | | 10 879.00 | | 10 879.00 | | 10 879.00 | | 10 879.00 | | |
| 应交税费 | | 18 622.00 | | 4 052.15 | | 9 260.15 | | 23 460.00 | | |
| 其他应付款 | | 5 819.00 | | 5 819.00 | | 5 819.00 | | 5 819.00 | | |
| 负债合计 | | 173 614.00 | | 12 645.85 | | 130 907.15 | | 57 808.00 | | |
| 实收资本 | | 500 000.00 | | 500 000.00 | | 500 000.00 | | 500 000.00 | | |
| 资本公积 | | 89 700.00 | | 89 700.00 | | 89 700.00 | | 89 700.00 | | |
| 盈余公积 | | 135 980.00 | | 135 980.00 | | 135 980.00 | | 135 980.00 | | |
| 本年利润 | | 121 260.00 | | 116 232.25 | | 136 472.20 | | 180 477.20 | | |
| 利润分配 | | 527 439.75 | | 527 439.75 | | 527 439.75 | | 527 439.75 | | |
| 所有者权益合计 | | 1 374 379.75 | | 1 369 352.00 | | 1 389 591.95 | | 1 433 596.95 | | |
| 负债和所有者权益总计 | | 1 547 993.75 | | 1 381 997.85 | | 1 520 499.10 | | 1 491 404.95 | | |
| 主营业务收入 | | | | | | | | 183 000.00 | | |
| 其他业务收入 | | | | | | | | | | |
| 营业外收入 | | | | | | | | | | |
| 主营业务成本 | | | | | | | 138 960.00 | | | |
| 其他业务成本 | | | | | | | | | | |
| 营业税金及附加 | | | | | | | | | | |
| 销售费用 | | | | | | | | | | |
| 管理费用 | | | | | | | | | | |
| 财务费用 | | | | | | | 35.00 | | | |
| 资产减值损失 | | | | | | | | | | |
| 营业外支出 | | | | | | | | | | |
| 所得税费用 | | | | | | | | | | |